教练的智慧

成就每颗心

黄俊华 著
卿珂 绘

北京联合出版公司
Beijing United Publishing Co.,Ltd.

图书在版编目（CIP）数据

教练的智慧：成就每颗心 / 黄俊华著；卿珂绘 .—北京：北京联合出版公司，2015.3（2023.6 重印）

ISBN 978-7-5502-4249-4

Ⅰ . ①教… Ⅱ . ①黄…②卿… Ⅲ . ①企业管理—通俗读物 Ⅳ . ① F270-49

中国版本图书馆 CIP 数据核字（2014）第 279188 号

教练的智慧：成就每颗心

作　　者：黄俊华
出 品 人：赵红仕
选题策划：北京时代光华图书有限公司
责任编辑：丰雪飞
特约编辑：彭　婷
封面设计：新艺书文化
版式设计：曾　放

北京联合出版公司出版
（北京市西城区德外大街 83 号楼 9 层　　100088）
北京时代光华图书有限公司发行
北京雁林吉兆印刷有限公司印刷　　新华书店经销
字数 125 千字　　787 毫米 ×1092 毫米　　1/16　　13.75 印张
2015 年 3 月第 1 版　　2023 年 6 月第 5 次印刷
ISBN 978-7-5502-4249-4
定价：49.80 元

推荐序

随着中国经济的发展及在世界范围内影响力的提升，中国正逐渐步入世界经济强国之列。各种管理理念也开始在中国不断生根、发芽。

20年前引入中国的企业教练，作为当时在世界范围内领先且极具影响力的管理理念，曾被美国通用电气、福特汽车、联邦快递等大批知名企业效仿。

20年后的今天，企业教练已在中国“开枝散叶”，成为广泛应用于各领域的管理科学。2013年中国企业教练联合会的成立，以及国家人力资源和社会保障部“企业教练师”职业考核标准的设立，更是使企业教练在中国走上了标准化、专业化、职业化的道路。目前，全国企业教练联合会的会员单位已超过70家，全国年毕业生超过3万人。

企业教练师在中国的发展，要特别嘉许一批像黄俊华先生这样一直为整个行业默默付出的导师。黄俊华先生受聘成为中国企业教练师专家委员会委员，为国家人社部第一套《企业教练师》职业技能鉴定教材的编写作出了重大贡献。

本书作为《教练的智慧》丛书的升级版，图文并茂地介绍了教练的智慧及生活、管理哲理。作者巧妙地在文中加入了教练小品和漫画，使得全书既通俗易懂又彰显出大智慧。相信本书必将会为企业教练的发展和教练文化的推广作出更大的贡献。

中国企业教练联合会会长
首信创智文化传播公司有限董事长 吴繁

自 序

第一本《教练的智慧》出版于 2002 年。

当时，企业教练在中国才刚刚兴起，还没有一本专门的著作可以让学习者作为参考。《教练的智慧》的出版恰好填补了这个空白，成为中国第一本介绍企业教练的书。由于颇受欢迎，后来又出版了《教练的智慧 2》。此后，不断增添新的内容，最终结集为一套三本的系列图书。

自从中山大学出版社首次出版《教练的智慧》以来，已有四家出版社出版过这套书。此套书十多年来不断再版，可算是企业教练行业中的一套“长销书”。

后来，我在从事训练工作时，多次听到一些学员说：“我老早就看过你的《教练的智慧》。”还有一些企业教练行业的专业教练也告诉我：“我是看着你写的书成长的。”

原来，这套书已成为一座桥梁，将我和读者联结在一起。

也就是在 2002 年，我定下了一个人生目标：写十本关于教练文化的书。

我当时就有了一个愿景：等我老了，捧着自己的十本作品，厚厚的一摞，沉甸甸地在自己手中，那将是一件多么惬意的事啊！回顾人生，十本书也代表我没有白过啊。

从2002年到2012年，十年时间，我刚好出版了十本书。

如果当初没有设定这个目标，也许就没有今天的成果。这正应了那句话："只要有梦想，凡事可成真！"回首当年，令人感慨。写作的过程，其实也是我心智成熟和能力提升的过程，是我成为一个专业教练与训练导师的过程，也是我与同事、学员和同行们结缘的过程。

2014年，我创作了新版《教练的智慧》。它源于我这十多年来在教练实践中所产生的新启发和新理解。相信这份努力会成为一座新的桥梁，联结我和你。

如今，企业教练已得到长足发展。企业教练不仅仅在企业中得到运用，也被广泛运用于众多大学与政府机构。

支持中国人成就企业及生活的梦想，这是企业教练的使命。

今天，离第一本《教练的智慧》出版已经十二年，这个使命依然没有改变！

黄俊华

目　录

PART 1

唤醒内在的自己

PART 2

遇见最真实的自己

PART 3

每个人都需要教练

PART 4

好教练何以炼成

PART 5

争当教练型领导

PART 6

人永远是第一位的

PART 1

唤醒内在的自己

教练本义

有这样一句话：完善工作，莫若完善工作者的人格。

其实，完善人格要比完善工作更难。

所以，教练不仅是一门帮助被教练者完成工作的技术，更是一门支持对方完善人格的艺术。

人们要实现梦想，企业要赢得利润。

然而，眼睛光盯着外在的成果、利润，其实并不能赢得最多，我们必须还要关注实现目标的根本——人本身。

21世纪的企业在硬件方面越来越齐全、高端，而在软件方面——人的素质提高方面则还不够。好比即便拥有最豪华的足球场，也不代表你就可以捧得大力神杯，你还需要一支最棒的球队。

人是有价值的，高素质的人无疑有高价值。运用教练的目的就是要使企业中的人素质得到提升，进而推动其价值提升。

所以，通常我们会从两个方面去衡量一位教练是否成功：一是有没有帮助被教练者达到目标，二是有没有让被教练者进步、成长。

第二个方面是成就第一个方面的基础。

魏徵在《谏太宗十思疏》中有言：“臣闻求木之长者，必固其根本；欲流之远者，必浚其泉源；思国之安者，必积其德义。”

先固本、浚源、积德，然后才能木长、流远、国安。

这句话实际也道出了教练的本义：教练帮助被教练者发掘内在素质的宝藏，然后实现外在生活与经营的指标。

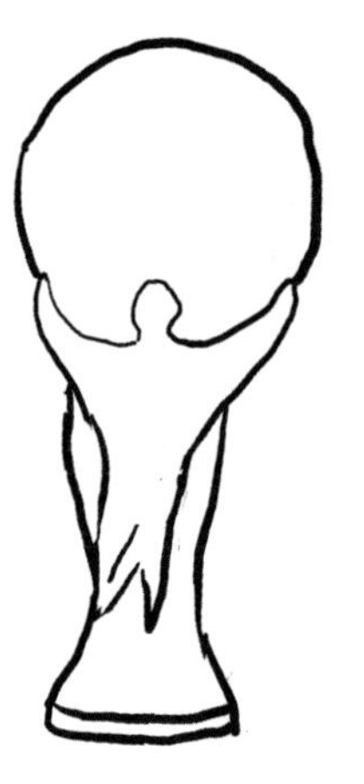

捧起大力神杯的是有价值的人

烦 恼

一生中烦恼太多，但大部分担忧的事情却从来没有发生过。

——丘吉尔

一

阿雯对教练说：“教练，我近来心里很烦。”

教练问道：“怎么啦？烦躁什么呢？”

阿雯：“我想经营一家自己的美容院，因为我很喜欢这个工作。但是儿子才 8 岁，每天要上学，需要我早送晚接。所以我很纠结。”

教练：“那你心里最想要的结果是什么呢？”

阿雯：“能够经营好自己的事业，又能照顾好孩子。”

教练："你烦了多久了？"

阿雯："一年多了。"

教练："那么，烦躁对你实现目标有没有帮助呢？"

阿雯："我知道没有帮助，但心里就是烦。也没人能帮到我。"

教练："那你还有什么更好的选择呢？"

阿雯："本来也请了保姆，但是我担心她们做不好。"

教练："是她们真的做不好呢，还是你担心她们做不好？你有没有让其他人试过？"

阿雯："嗯，你这么一问，我倒觉得很可能是我自己过虑了，总觉得别人不如自己。"

教练："如果你抱着这种想法，那么，你想一想，就算开美容院，会不会也不敢放手呢？"

阿雯："是的，这种情况在我管理中也存在。看来我需要改变自己。"

教练："你打算如何调整？"

阿雯："我会放手让其他人来试，当然，自己也会做好监管。我知道怎么做了，谢谢教练。"

二

阿辉说："教练，我很担心明年生意不好做。"

教练："有哪些证据表明明年的生意会不好做呢？"

阿辉："没有什么证据，我就是担心。"

教练："好吧，我保证你所担心的一定会发生！现在你不用担心了吧？反正你担心不担心它都会发生。"

阿辉："可是我不想它发生！"

教练："那么，你除了担心还能做些什么呢？"

很多时候不是事情，而是我们对事情的看法，以及假设和由此产生的担忧在影响结果。教练的方式就是通过排除这些干扰来激发潜能！

三

"担心是一种轻度的诅咒，抱怨是一种负面的祈祷，积少成多也会成为现实。要把担心改成关心和信心。关心是一种有形的保护，信心是一种无形的保佑。赞美、祈祷和祝福是上天送给每个人最大的财富和礼物。"

以上文字摘自《您已经"诅咒"孩子多久了》。这篇文章讲的是父母要善于运用正面意向教育孩子。

专栏作者连岳说：让人困扰的，基本上是小事，不会有一只科学家克隆出来的恐龙突然闯进你家，老虎、毒蛇出现的概率也低至于零，而蚊子、蟑螂这些无大害的小害虫才能长久陪伴你。

我们是否经常为小事担心？

我们日常所担心的事情，究竟是恐龙和老虎，还是蚊子和蟑螂呢？

四

二战期间，在一个普通人身上曾发生过这样的事情：

过了40多年基本顺畅的生活的布莱克伍德，因为战争的到来，突然间感到世界上的大多数烦恼都接二连三地向他袭来：

1. 因为战争，他所办的商业学校由于大多数男生都应征入伍而出现了严重的财政危机。

2. 他的大儿子也在军中服役，生死未卜。

3. 他的家乡一带要修建机场，土地房产基本上属无偿征收，赔偿费只有市价的十分之一。

4. 女儿高中马上就要毕业，上大学需要一大笔学费……

一天下午，布莱克伍德正坐在办公室里烦恼着，他把这些烦恼一条条地写下来，冥思苦想解决方案，但却束手无策，最后只好把这张纸放进抽屉。

一年半过去了，有一天，他在整理资料时，又看到了这张列着曾经严重摧残过他的健康的几大烦恼的纸，却发现它们没有一个真正发生过：

1. 他担心他的商业学校无法办下去，但政府却拨款训练退役军人，因此他的学校很快便招满了学生。

2. 他的儿子毫发无损地回来了。

3. 因为附近发现了油田，他的房子也不再被征收。

4. 在女儿将入大学之前，他找到了一份稽查的兼职工作，帮助她筹足了学费……

最后，布莱克伍德得出了“99%的烦恼其实都不会发生”的人生经验，并深有感慨地说：“为了不会发生的事饱受煎熬，真是人生的一大悲哀！”

这正印证了中国的一句古话：世上本无事，庸人自扰之。

五

一个小故事描绘了忧虑的破坏力：

一天早上，死神正朝一座城市进发，有人问他：“你要做什么？”“我要夺走100个人的性命。”死神答道。

“这太可怕了！”那人说。

“就是这么回事，”死神说，“我就这么办了。”

那人急忙跑去报信，把死神的计划尽可能地告知每一个人。

等到夜幕降临时，他又遇到了死神。

“你跟我说要取100个人的性命，”那人说，“可为什么死了1000个人？”

“我并未食言，”死神回答说，“我的确只取了100个人的性命，其他人的命是被忧虑夺走的。”

寂天菩萨有云：“遭遇任何事，莫扰欢喜心。忧恼不济事，反失诸善行。若事尚可为，云何不欢喜；若已不济事，忧恼有何益？”

最近比较烦比较烦，比较烦

Morning Call

教育绝非单纯的文化传递，教育之为教育，正是在于它是一种人格心灵的唤醒。因此说教育的核心所在就是唤醒。

——马克思

一

一位教练对被教练者说：作为教练，其实我只是你的"Morning Call"（叫醒业务或工具）。我在唤醒你，而且是不断地唤醒你。

春秋末年，越国与吴国一向不和。勾践即位后，吴王阖闾见有机可乘，率军攻打越国。结果，吴国大败，吴王阖闾连气带伤，最终命丧黄泉。

阖闾的儿子夫差继承了王位。他恨透了勾践，决心替父报仇。为了不忘此事，他专门派一位大臣站在宫门口。每当他出门进门，那位大臣就喊：“夫差，你忘了越国杀父之仇吗？”夫差立刻恭敬地回答：“不敢，我不敢忘！”

吴王夫差始终不忘杀父之仇。三年之后，他任命伍子胥为大将，率兵攻打越国。

结果，越国大败，越王勾践也被俘为奴。

那位每天喊话的大臣，可以说就是夫差的“Morning Call”。

不过，春秋版“Morning Call”的传奇尚未结束。

正所谓“风水轮流转”，“三十年河东，三十年河西”。勾践回国后，也不忘会稽之耻。他下令迁都会稽，并且规定自己每餐只吃一道荤菜，只穿一种颜色的衣服，睡觉时候身下垫着木柴。每天早晨醒来，第一件事就是去尝挂在屋中间的一个苦胆，并且暗自提醒自己：“勾践，不能忘了会稽之耻啊！”

这堆木柴和这个苦胆就是勾践的“Morning Call”。只不过，此“Morning Call”是无声的，只有有心人才能听到。

后来，勾践也如愿复仇。这就是成语“卧薪尝胆”的由来。

二

由此可见，“Morning Call”是如此有效。

然而，听到“Morning Call”那一刻的感觉却未必很好。

有人说，要毁掉一首歌，最好的方式就是把它设为“Morning Call”。因为它把你从舒服的睡眠中唤醒，是很容易引起你的反感的。

教练有时也会让被教练者反感，因为人在面对自己的缺点时往往是不太舒服的。

作为“Morning Call”，教练要不断反馈对方的盲点，启发对方的内省，目的就是要让对方醒来——从自以为是中醒来，从执迷不悟中醒来，从无效的模式中醒来，从行不通的选择中醒来。

真正做到“一语点醒梦中人”！

教练的智慧是唤醒的智慧。

教练是唤醒者，唤醒自己，也唤醒他人——

爱他，就唤醒他；

恨他，也唤醒他。

三

诸葛亮在隆中赋诗:“大梦谁先觉?平生我自知。”

这是他的自问自答。如果这句“大梦谁先觉”用来问天下人,又会怎样呢?

芸芸众生,有人不知不觉,有人后知后觉,有人当知当觉,有人先知先觉。

是的,人生如梦。

然而,无论你梦到什么,最重要的是醒来。

有一首叫作《醒来》的歌,歌词是这样的:

从生到死有多远
呼吸之间
从迷到悟有多远
一念之间
从爱到恨有多远
无常之间
从古到今有多远
谈笑之间
从你到我有多远

善解之间

从心到心有多远

天地之间

当欢场变成荒苔

当新欢笑着旧爱

当记忆飘落尘埃

当一切是不可得的空白

人生是多么无常的醒来

人生是无常的醒来

人生是无常的醒来

人生是无常的醒来。

教练是有爱的呼唤。

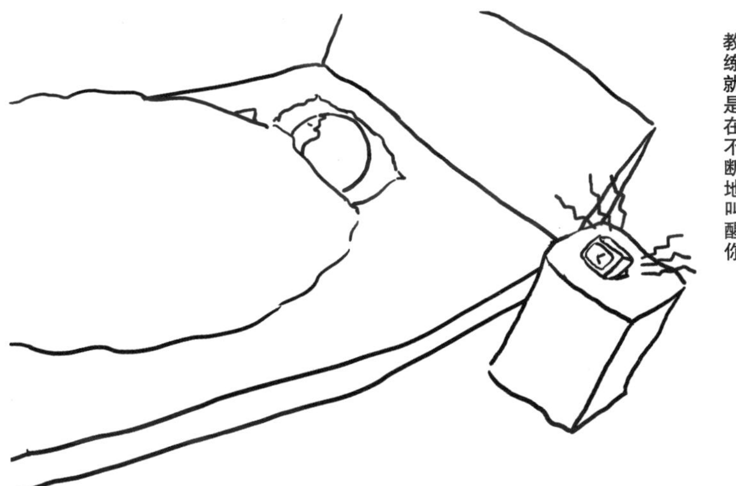

教练就是在不断地叫醒你

墙

我们在生活中会有很多自我设限，这些自我设限源自于我们的思考方式。

这些设限其实就是我们思维中的“墙”，阻碍我们走到更远的地方。

有一位老板，他的公司遇到了困难。于是他想去找另一位老板合作，以摆脱困境。不过他曾与那位老板打过交道，好像对方对他的生意不感兴趣，态度也不太积极。因此，这位老板心里很犹豫，他觉得那位老板肯定不会接受他的建议，不如不去跟他说合作的事，说了也多半是白说。

教练了解情况之后对他说：“对方还不知道你有这个想法，根本就不知道你想跟他合作，你就已经帮他做了决定。这样还会有什么可能性呢？”

这位老板一想，说：“对啊，这些都是我的判断而已，对方不一定会这样啊。”

后来，他去找对方沟通了他的想法，结果双方谈得很好。而且，没多久就开始了合作，使得他的公司有了发展的新前景。

这个案例中的转变过程看起来好像很简单，不过有时候事情也的确就是这么简单。

我们在工作或生活中经常遇到这样的情况。某些观念的“墙”限制了我们，而一旦我们突破了这些“墙”，往往就会获得意想不到的成功。

这正是教练发挥作用的地方。

所谓“当局者迷，旁观者清”。教练帮你发现思维中“墙”的存在，然后，你可以基于目标来决定如何对待这些“墙”。

你可以选择绕“墙”而走，或者翻“墙”而过。

或者，干脆就拆掉这些“墙”。

当局者迷，旁观者清

不再跑龙套

你过去是怎样的人不重要，重要的是你未来会成为怎样的人。

有一位很年轻的博士，只有30来岁。出人意料的是，他活得很痛苦。他对身边的女孩子没有感觉，可是家里人不断催他结婚。周围的人也对他期望很高、要求很高，所以他觉得很累。

于是他向教练求助。

教练："你的目标是什么？换句话说，你想要过什么样的生活？"

博士："读书的时候，父母希望我能考出好成绩，出国留学；出国留学时，老师希望我可以用心钻研，成为学术权威；现在工作了，朋友们都成家了，他们都催我结婚，让我早点过家庭生活。"

教练：“你的人生好像一直都由别人替你安排。你自己到底想成为一个什么样的人呢？”

博士：“我想成为大家期望我成为的人。”

教练：“这不是你的目标，这是大家的目标。”

博士：“其实我就是没搞清楚自己的目标。”

教练：“这就是问题所在。当你没有自己的剧本时，你就只是在别人的剧情中跑龙套，永远成不了主角。”

博士：“是的，教练，我就是这种感觉。”

教练：“那么，你是时候清晰自己人生的目标了。”

英国谚语有云：“对于一艘盲目航行的船来说，所有的风都是逆风。”

还有人总结道：“没目标的人是为有目标的人服务的；目标小的人是为目标大的人服务的；有短期目标的人是为有长期目标的人服务的；目标模糊的人是为目标清晰的人服务的。”

只有清晰自己的目标，才能跳出“龙套”成为“龙”，成为生命这出戏里的主角！

对于一艘盲目航行的船来说，所有的风都是逆风

跟着胜利走

在影视作品《我的长征》中，有一个小红军，他父亲也在队伍里。有一天，他问父亲："队伍总这么走，到底往哪里走？"

父亲也不知道要往哪里走，所以无法明确回答，只好对儿子说："你别问这么多，跟着走就行了。"

但是小红军对这个回答并不满意。后来，他问了很多人也得不到想要的答案。

有人告诉小红军，只有一个人能回答他的问题，那个人就是毛泽东。但是，要见到毛泽东并不容易。

幸运的是，有一天，小红军意外地见到了毛泽东。于是，他抓住机会问了久压在心里的问题："队伍要往哪里走？"

毛泽东用湖南话回答他："我也不晓得哦。"

小红军马上说："我爹知道。"

毛泽东就感到很奇怪，心想："连我都不知道，你爹怎么会知道呢？"于是他就问小红军："你爹说往哪里走？"

小红军就说了："我爹说，跟着走。"

一直在思考红军方向的毛泽东却忽然被这句话启发了，他高兴地对小红军说："你爹说得对！我们就是要跟着胜利走，不跟失败走！"

往哪里走不重要，重要的是要取得胜利！这个故事不知究竟是史实还是艺术加工，但却很有启发性。

所以，教练通常不会告诉你固定的方法，而是启发你以结果为导向自己找方法——清晰目标、锁定目标，并且命中目标。

我们常说：客观事实是唯一权威。

记住：结果，才是终极的教练。

跟着胜利走

急人所急

一位名叫阿君的新训练师跟教练聊起他的一位学员。

阿君："那位学员状态不好，学习很被动，我担心他学不到东西。"

教练："那么，我想了解一下，他自己是否担心学不到东西呢？"

阿君："我主要觉得他是交了学费的，如果学不到东西，他就等于白来一趟了。"

教练："那个学员知道不知道自己交了学费？"

阿君："他知道。"

教练："他自己都不担心，你为什么担心？"

阿君："我要对他负责任啊。"

教练："你愿意负责任是好的，但是不等于你要把他的责任背在自己身上。"

阿君:"我可能是有些过度替他担心了,那么,我是不是应该对他放任自流呢?"

教练:"那倒不是。你负责任是好的,但是很明显,你想他学多过他自己想学。"

阿君:"是的,我也发现好像是有点'皇上不急太监急'的感觉。"

教练:"那么,谁急才有用呢?"

阿君:"当然是他自己急才有用。"

教练:"所以,除了帮'皇上'急以外,你还可以做什么呢?"

阿君:"让他自己看到学习的价值,自己主动去学。"

教练:"如何才能让他看到学习的价值呢?"

阿君:"多了解他的想法,关注他未来有什么样的理想。"

教练:"所以,你急没有问题,但是要区分,你是急自己所急还是急他人所急。"

阿君:"对,这才是关键,不令他自己急,我急了也白急。"

他人辅助只是外力,自己奋发才是内力。

外力要通过内力才能发挥作用。

我们可以为他人成长负责任,但并不能代替其成长,而是要激发对方自己的成长动力。

激发对方内在的力量，才是真正的急人所急

愿力

我们通常习惯于“从 A 点到 B 点”的模式：我现在具备怎样的条件，决定我能去相应的地方。比如，我有一双脚，最多就只能到十公里处；我有一辆自行车，就可以到五十公里处；我有一辆汽车，就可以到一百公里处；我有一架私人飞机，就可以到一千公里处。

而教练的思维却常常是“从 B 点倒推到 A 点”——先确定要去什么地方，再创造出所需要的条件。如果想要到一千公里以外去，就得创造出能让自己到一千公里外的工具或方式。

有一位企业家对我说，他创办企业时是发了大愿的。

这句话很触动我——要成事，先发愿，而且是发大愿。

《第五项修炼》一书中指出，在人的自我超越当中会有两种张力发生作用，一种是创造性张力，一种是情绪张力。

愿景是具象化的目标，它能让人产生创造性张力。人的愿景越大，所产生的创造性张力就越大。这种创造性张力能帮助我们找到到达 B 点的渠道。

B 点倒推法是一种新的思考方式。

A 到 B 的方式，当然有机会成功，但是太依赖条件，成功只能靠运气；

B 到 A 的方式，则是有条件最好，没条件就创造条件，成功主要掌握在自己手上。

真正唤醒我们的，是梦想而不是闹钟。所有“现实的地图”都是我们的“愿望地图”的延伸。心愿、夙愿、祝愿等所有的“愿”，都会产生强大的力量。

正所谓：愿力无穷。

有愿力，就有潜力。

愿力无穷，所以潜力无限！

找到 B 点，找到生命的方向

梦想与现实

电影《首席执行官》中有这样一个情节：CEO 凌敏的助手要离开，凌敏劝其留下与他一起实现企业的梦想。助手说："我跟你们不一样，我从不做梦，我很现实。"凌敏说："不，你也有梦想，只是形式不同。"

生活当中有和这位助手一样想法的人很多。

有些人的梦想只是小学作文的题目，所以他会说，"我小时候有梦想，长大后就没有了"。

还有些人会说，"梦想归梦想，现实归现实"——因为他发现自己的现实离梦想越来越远，再提什么梦想好像已经不切实际了。

后来，电影中那位助手还是离开了。

很多年以后，“从不做梦，很现实”的他，再次回到自己曾经服务过的企业。他发现，自己虽然已经拥有豪宅、地位，但却失去了一样宝贵的东西，那就是创业的激情。

从教练的角度来看：从不做梦的人其实也在做一个梦，一个安全、稳定地达到目标的梦。

所以凌敏才说，“你也有梦想，只是形式不同”。

的确，人人都有梦想，没有梦想的人生必是索然无味的。

更重要的是，没有梦想，我们将失去最好的目标驱动力，即《第五项修炼》中所说的“创造性张力”——当有梦想、有目标的时候，我们能有效地发挥自己的创造力。

从这个意义上说，其实梦想就是现实。

现实是已经实现的梦想，梦想是尚未实现的现实。

梦想，可以创造新的现实。

如何平衡梦想与现实的关系呢？

有一家企业的广告语给出了答案：心怀高远，脚踏实地。

你的梦想，你来描绘

赢与输

任贤齐的《天涯》中有这样一句歌词：赢得了天下输了她！

很多时候我们都简单地把这个“她”当成恋人、情人来理解，意思是赢得了江山，输掉了心爱的人。结果就变成到底是“爱江山”还是“爱美人”的选择。

其实，这个“她”的含义还可以更丰富。

这个“她”，可以是我们的真我，可以是我们的青春，还可以是我们的亲情、友情、爱情、乡情等。

有一段话极具启发性：

跟顾客争，你争赢了，顾客走了；

跟同事争，你争赢了，团队散了；

跟老板争，你争赢了，平台悬了；

跟家人争，你争赢了，亲情没了；

跟朋友争，你争赢了，朋友少了；

跟爱人争，你争赢了，感情淡了。

跟谁争，争赢都是输，不如跟自己争。

我们往往赢得了面子，输掉了“里子”。最终来看，其实是输了，而且输得很惨。

就算赢，也是一种“惨胜”——赢的代价太沉重！其实往往就是两败俱伤。

因此，不同的观察角度，会看到不同的赢与输。

我们身边可能都有这样一类人：整个人的状态让人感觉他就是一名生活中的战士，每天披着看不见的铠甲、握着无形的长矛出门，就好像随时要跟别人决斗一样。

这里所说的“决斗”不是肉体上的决斗，最常见的表现就是固执地跟别人争论对错。

所以，作为教练，我们也常会挑战对方：你可以战胜他人，但你可以降服自己吗？

正所谓：英雄征服他人，圣人征服自己。

究竟选择“外王”还是“内圣”？由每个人自己决定。

赢世界不如赢自己

水 杯

两个人都非常渴，他们在喝同一口井里的水时，一个用的是金杯，一个用的是泥杯。前者觉得自己富贵，后者认为自己贫贱；前者得到了虚荣的满足，后者则陷入无谓的烦恼中。他们都忘了，其实自己真正需要的是“水”，而不是“盛水的杯”。

我们在生活中也是如此，往往容易为自己所不需要的东西而烦恼。

那么，我们生活中的“水”是什么，“杯”又是什么呢？

我们是否为了“杯”而忘记、忽略、错过了“水”呢？

国外一位资深教练来华授课，有一位听众上台与教练对话。这位听众滔滔不绝地讲了很多自己的看法和观点，他讲得忘乎所以，好像已经忘了这个讲台不是他的，而是教练的。教练却始终在耐心地倾听。下面的听众都很反感和抵触。有人想说话，但看到教练很耐心地在听，也就忍住了；也有人想看看，教练会如何对待这个有些喧宾夺主的人。

这样讲了差不多半个小时，那位听众似乎也讲累了，于是就停了下来。

这时教练开始说话了。

“刚才你说了很多，”教练的语气平静而缓慢，“那么，你究竟想解决什么问题呢？”

全场鸦雀无声，片刻之后，便爆发出一阵热烈的掌声。听众们钦佩教练的耐心，也为其所言直指核心而折服。

在这个例子中，那位上台的听众滔滔不绝的话语就是“杯”，而教练的发问就是帮助他超越“杯”，从而找到“水”。

这是教练厘清目标的技巧。

找到了“水”，那些各式各样的“杯”便不会再成为干扰。

找到『水』『杯』就不再是干扰

与梦同行

世界上唯一可以不劳而获的就是贫穷，唯一可以无中生有的就是梦想。

一位家电行业的老板问教练他的企业如何才能发展。

教练问："你打算让企业往哪个方向发展？"

他说："我的梦想是把我的产品做成品牌，让大家都知道我。"

教练又问："你打算何时梦想成真？"

他说："还不知道。"

于是教练告诉他："那你这就不叫梦想了，都只是空想而已。"

正如很多管理专家所说："没有加上时间限制的目标，就不是真正的目标。”

阿峰：“教练，我该如何快速提升自己的能力？”

教练：“我先不回答你，我想先问你，你的目标是什么？”

阿峰：“我没有目标。这也是让我感到困惑的问题。”

教练：“你是真的没有目标还是不敢订立目标？如果你没有目标，提升能力又有什么用呢？”

阿峰：“应该是不敢订立目标吧。也正因为如此，我才急于提升能力。也许能力提高了，就敢订了。”

教练：“你想提升能力是很好的，只是你要明白——不是你拥有了足够的能力才能订立目标，而是订立好目标才会激发出相应的能力。”

很多人不敢订立目标或者不敢订立明确的目标是因为觉得自己做不到，觉得自己能力不够。

其实，这是个误区。

美国科学家曾称，他们发现把一个人一生的能量全部收集起来，如果用电能折算，相当于可以照亮北美大陆一个星期的电能，价值数百亿美元！

心理学上也认为，人一生下来就具备了无限的潜能以自我实现。

梦想就是点燃我们内在潜能的导火索。

成功与否，不在于你是赚了一百万还是一个亿，是开凯迪拉克还是劳斯莱斯，而是看你是否实现了你的梦想。

与梦想同行，并保持你的行为与梦想一致。

直到最后实现它。

有梦想只能仰望天空，有翅膀才能翱翔天空

PART 2

遇见最真实的自己

镜子与窗子

作家林清玄曾做过这样的比喻:“一个人面对外面的世界时，需要的是窗子；一个人面对自我时，需要的是镜子。通过窗子能看见世界的明亮，使用镜子能看见自己的污点。其实，窗子或镜子并不重要，重要的是你的心。你的心明亮，世界就明亮；你的心如窗，就看见了世界；你的心如镜，就观照了自我。”

窗子让我们向外追寻，镜子让我们向内发现。

向内的看见，就是所谓的“洞见”。我们通过现代科技发现了遥远的星球，却未必能“洞见”真正的自我。

开窗赏景，对镜观心。

开窗子是向外看，是知识的学习；

照镜子是向内看，是智慧的学习。

知识的学习，隔行如隔山；智慧的学习，隔行不隔理。

教练的智慧就是镜子的智慧。

教练这面镜子，帮助被教练者把眼光从“外看”转向“内观”，帮助被教练者照出自己的优点、缺点、盲点、闪光点。

观照带来觉察，觉察带来迁善。

正如魏得胜在《人生物语》一文中写到的：“每个人都是一面镜子，它不是用来孤芳自赏的，而是用来给他人以自鉴的。”

教练的价值，正在于为现代人提供一面心灵的明镜。

搞掂

有的人学习企业教练之后，便开始常将“搞掂他”这类的话挂在嘴边。

其实这种说法是很狂妄的。

实际上，没有谁可以搞掂别人。每个人唯一可以搞掂的，只有自己。

正如我们常说的：一个人不能控制另一个人。

教练不是“教训”——总是把对方当成小孩或者晚辈来管教、批评。

教练也不是“教师”——总觉得自己比对方懂得更多，比对方更有学问。

教练更不是“教父”——总想要证明自己比对方强，要去征服、压倒对方，甚至于主宰对方的生命。

当我们想要搞掂对方的时候，我们作为教练的出发点就已经从“帮助对方”变成了“征服对方”。

记住，我们给对方当教练并不等于要对方臣服于我们。

他唯一需要臣服的，是他自己的目标、他自己的梦想！

教练相信：每个人都会为自己做最好的选择。

但我们的误区是：总以为我们替被教练者做的选择，比他自己做出的选择更好。

想想看，无论是对孩子、员工还是另一半，我们是否常常有这样的想法？

作家庞永力在作品中写道：“心好像一扇厚重的城堡之门，没有外面的锁，只有里面的闩，别人在外面怎么使劲地踹，也不如里面自己轻轻一拨。”

外面的人可以敲门、按门铃、塞纸条、大声呼喊。

但是真正决定是否开门的，是里面的人。

教练只是按门铃的人，开不开门由被教练者自己选择。

因为，只有其自发的选择，才是真正最有价值的选择。

别人在外面怎么使劲地踹，也不如里面自己轻轻一拨

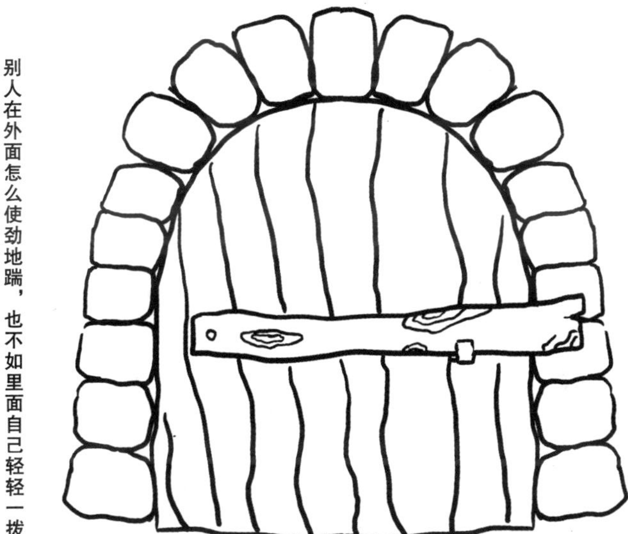

回 声

生命是一种回声。

回应就是为对方照镜子，帮助对方自我觉察。这是教练的重要能力。

有一次，教练对阿德回应道："跟你相处比较压抑，感觉你比较强势。"

阿德回答说："可我平时经常帮助别人啊！"

教练以打比方的方式继续回应道："你可以试着留意一下你平时的表现。比如刚才，我告诉你你的左手脏了，你就把右手伸出来说'我右手很干净'。"

阿德有点不好意思地回答说："是的，你不说我还没注意。"

教练说："你看到左手脏了，把左手擦干净不就行了吗？我十分欣赏你经常助人的品德。而且我相信，你有强势的一面，肯定也同样有亲和的一面。”

阿德说：“是的，教练，你说得很对，我发现自己很习惯于自我保护。”

教练再继续回应说：“很好。你的确是有自我保护的习惯，但也让我看到了你有改过的勇气。”

在这个案例中，教练通过连续的回应，让阿德看清了他与人、与己相处的模式和状态。

特别值得注意的是：教练不但很直接地回应了阿德的缺点，而且也很及时地回应了阿德的优点。

回应是帮助对方看清自己的盲点。

而盲点不等于就是缺点。一个人看不到自己的优点，也会构成盲点。

他人的回应就是我们生命的回声。

每一声回声，都是我们学习的机会。

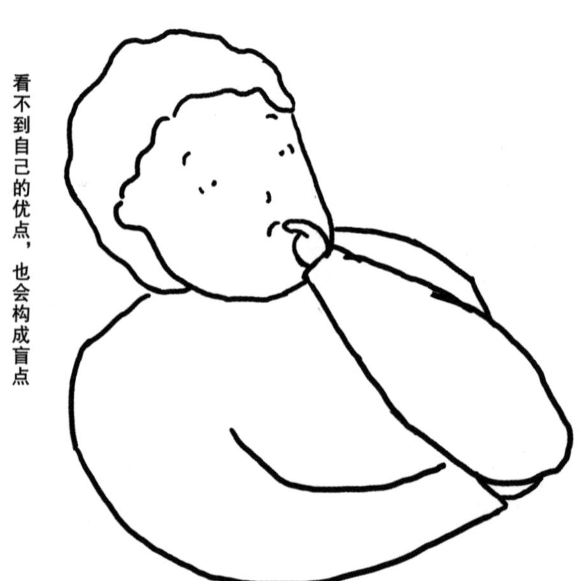

看不到自己的优点，也会构成盲点

芝麻与西瓜

有一次，在一个训练环节中，有一位学员没有全情投入，而且情绪上还有些抵触。

这时候我的助手连忙过去，想支持那位没有投入训练的学员。结果那位学员并没有改变状态，反而对我的助手也开始很抵触。

更糟的是，我的助手回来的时候竟然也带有情绪了。而且，他在后面的过程中也不断盯着那位学员，好像总觉得对方不妥，甚至还因此疏忽了职责内的部分工作。

训练结束后，我给他做了总结：“我们训练的目的是支持学员的成长与突破。你去支持那位不投入的学员的时候，不但没有支持到他，反而被他影响到了，甚至还影响了你后续的工作。

这反映出你一直以来的模式——很容易被一两个人影响而忽略了整体。”

他听了之后，恍然大悟：“当时我真的一点儿都没有意识到这一点，我只是恼怒他没有投入，却一点儿都没有发现自己竟然在不知不觉中被他影响了。”

我对他说：“这就是你的盲点了，也是你要着力改善的一点。”

他回答说：“看来我是‘捡了芝麻，丢了西瓜’。”

我说：“是啊，当你看到芝麻的时候，西瓜就成了你的盲点。”

我们常常没有留意到自己已经偏离了方向，把时间和资源都浪费在了无谓的事情上；我们总是在不知不觉中，因为一时的困难或者别人的态度而放弃了目标；我们没有看到自己还有那么多的长处没有发挥出来……

所有这些我们看不到的部分，就是我们的盲点。

不必为我们竟然有那么多的盲点而沮丧。企业教练认为，盲点正是人的潜能的来源。也就是说，每个人都有巨大的发挥潜能的空间。

这就是我们说每个人都可以成功的原因。

当我们借助教练这面镜子去发现、去面对盲点时，人生便会别有境界。

别为了芝麻丢掉了生命中的西瓜

贴标签与照镜子

贴标签是指给别人或自己下定论。

如：

你是一个自私的人。

你是一个只知索取的人。

你是一个自以为是的人。

你这辈子都没机会成功。

你不可能成为领导。

而照镜子是指反映对方的状况。

如：

你今天的表现显得有点自私。

我看到你今天有索取的行为。

我感觉你的状态不太好。

我感觉你情绪低落。

贴标签和照镜子有什么区别呢？

贴标签基本上就等于固定了，会在未来持续作用；而照镜子只反映当下。

贴标签是：这个人昨天是混球，所以给他贴了混球的标签，今天即便他已经变成天使了，他的标签依然还是混球。

而照镜子是：这个人昨天是混球，今天变成天使，镜子在昨天照出他是混球，今天就照出他是天使。

这就是镜子的功能：红来现红，绿来现绿——镜子不会因为照过红色的事物，自己就变成红色的，以致映照万物都是红色的。

镜子是中立的。

事来则应，事去不留。

这才是教练应该达到的境界。

教练是一面反映真相的镜子

越组代庖

一

“好忙哦！”

“真累啊！”

“唉，每天都有做不完的事！”

“谁也不能真正帮上我的忙！”

“我都快成公司的救火队员了，哪里着火就往哪里扑！”

在多年的教练与训练生涯中，我接触过众多企业领导者，他们中的很多人都有类似的牢骚。为什么我们的企业领导者会经常陷入这样的局面当中呢？为什么他们会成为救火队员呢？

《别让猴子跳回背上》（美国的威廉·安肯三世著，陈美岑译）一书中专门讨论了“为什么下属没事做，主管没时间”的问题。他将工作任务形象地比喻为“猴子”。他提出：每个人的可支配时间有限，而通常主管的这些时间大多被下属占用——主管用这些时间帮下属们解决疑难问题，这是主管可支配时间少得可怜的主要原因。

主管应该意识到一点：你越是帮对方解决问题，对方越是依赖你。因为你只是解决了表面的问题，而没解决产生问题的原因，即治标不治本。

漠不关心是不负责。

越俎代庖同样是不负责。

俗话说：勤快的父母往往养出懒惰的儿女。

当然这不是绝对的。只是，其中揭示的道理需要我们重视——父母为儿女包办太多，就是剥夺了他们成长的机会与权利。

二

汉朝丞相丙吉在一次出行途中，看到两个人在街上打架，打得头破血流。结果他一言不发，绕道走开。可是走了一会儿，当他看到路边有一头牛在不停喘气时，却停下来仔细观察。

随从感到很奇怪，就问他为什么不关心人而关心牛："难道牛比人重要吗？"丙吉回答说："打架的事是由衙门管的，这是考验衙门官员是否称职的机会；而牛喘气，可能是天气出了问题，可能有灾害，事关天下的收成，这是我的职责，我自然需特别关心。"

领导者需要抓大放小，聚焦重点，并且要让相应的人对自己负责。

这位汉朝丞相可谓真正懂得自我定位的典范。

就像体育比赛一样，一场比赛开始后，教练必须退到场外，比赛才能开始。而队员才是比赛过程的真正控制者。教练只是教练，不能代替运动员上场比赛。

教练真正的工作是让运动员们明确比赛目标，然后自己面对过程，发挥优势，最终完成任务。

这样，才能把背上的"猴子"放下来，才能从"越俎代庖"转为"授人以渔"，最终从"救火队员"真正回归到领导者的角色。

别让别人的猴子爬到你背上

果子与种子

凤凰卫视的《公益中国》栏目中曾有过这么一句话：

送你一颗果子，你只能享用一次；送你一粒种子，你可以享用一生！

这个说法其实也非常符合教练的原则。

有一则国外的故事把这个原则诠释得更加优美：

有一位妇人梦见自己走进了一家新型的商店。不可思议的是，她看到柜台后面站着的竟然是一位天使。

"您都卖些什么？"妇人兴奋地问道。

"您心中所想要的一切。"

妇人起初有点不敢相信自己的耳朵，反应过来之后便开口说了一些人们普遍最渴望的东西：“我要买平安、爱、快乐、智慧以及坚强。现在就可以提货吗？”

天使含笑答道：“孩子，我想你弄错了，我们这里不卖果子，只卖种子。”

有什么种子，就会有什么果子。

而想要什么果子，就要播撒什么种子。

教练教给对方的不是一种简单的方法，而是一种启发对方自己找方法的思路。

这种思路就是种子。因为给对方现成的方法，容易让对方产生依赖感，反而有可能不利于对方发展。

所以，教练的方式就是送种子——不仅让你取得做事的成果，更要帮你在做人层面也同时得到成长。

送你果子，你只会享受到果子的美味；送你种子，你却可以体验到将种子培育成为果子的过程，以及收获果子的喜悦！

教练，就是送人种子的天使！

真正的爱是予人种子

“蜘蛛侠”

《蜘蛛侠》里有一句广泛流传的台词：“能力越大，责任越大。”

这是主人公彼得·帕克的祖父对他说的。

我们常看到一些新闻，说××“蜘蛛人”又征服了某座极高的建筑，引起了人们的关注。有些“蜘蛛人”甚至因违反公共管理条例被警察带走。

“蜘蛛侠”与“蜘蛛人”有何区别呢？

“蜘蛛人”能力超强，具备像蜘蛛一样的攀爬能力，可以去征服一些常人看来高不可攀的建筑。

而“蜘蛛侠”不仅具备攀爬能力，更具备服务与保护他人的责任心。

“蜘蛛人”有很多，“蜘蛛侠”却很罕见。而能否成为侠，关键取决于其是否有责任心。

彼得最终能成为“蜘蛛侠”而非“蜘蛛人”，与其祖父在他成长过程中给他埋下的那个“心锚”（指能刺激产生特别感觉，引起条件反射的东西），即“能力越大，责任越大”的观念有很大关系。

正如武侠小说家金庸在《神雕侠侣》中借郭靖之口所表达的：“侠之大者，为国为民！”

无论是外国的“蜘蛛侠”，还是中国的“神雕侠”都非常了不起，因为他们都没有浪费自己的独特才能，而是充分发挥了自己的能力为他人、为社会作贡献，真正践行了彼得的祖父“能力越大，责任越大”的理念。

对于教练，我还要做一个补充，那就是：责任越大，能力越大。

负责任是能力的入口。你越愿意负责任，你的能力就会越大；你的能力越大，你能负的责任也就会越大。

这是生命的良性循环。

也是上帝给予负责任者的最佳奖赏。

能力越大，责任越大

PART 3

每个人都需要教练

找 碴

在一次课堂上，有一位学员做区分练习时不会做，便过来问我。我回答道:“简单地说,区分就是把容易混淆的东西分开。”

学员说:“这不是找碴么？”

我说:“这不是找碴，是区分。”

学员坚持说:“这就是找碴。”

我回答说:“对！这就是找碴，不过我们找碴是为了帮助对方成长。”

我们在接受教练的时候，有时会觉得教练好像是在找碴。因为教练常常能发现我们的盲点或误区，而且说话往往直接、尖锐、不留情面，所以我们可能会觉得很不舒服，甚至还会有所抵触。

人非圣贤，孰能无“碴”。从某种意义上来看，教练的工作真的可以理解为，就是针对被教练者而找碴的。不过这种找碴不是乱找，而是基于被教练者的目标而找。

可以说，教练就是要为你的成长与成功而找碴！

具体来说，教练所找的这个“碴”，实际就是被教练者信念中存在的误区和干扰。而“找”的过程就是挖掘信念、区分信念的过程。

从这个角度讲，如果不找碴，我们就活在自以为是当中；如果不找碴，我们就活在无意识反应当中；如果不找碴，我们就活在盲点当中。

课堂上的人对你找碴越多，生活中的人对你找碴就越少。

教练对你找碴越多，客户和员工对你找碴就越少。

你对自己找碴越多，别人对你找碴就越少。

找碴，是为了超越碴！

教练找碴，是为了让你进步

心灵神探

阿凯跟教练诉苦道:“我管理自己的公司管理得很累，这老板简直不是人当的。我对员工已经很好了，给了他们很好的待遇，也经常跟他们沟通，教他们做事的方法，也送他们去学习，但是他们就是不积极、不主动。对于我下的指令,他们有时候听，有时候不听。”

教练回答说:“看来你在你的企业里有奖无罚!”

阿凯一脸惊讶:“教练，你怎么知道?”

教练说:“从你说的话中听出来的。他们对你的指令爱听不听，说明你对员工有好待遇，但是没有高要求。”

阿凯说:“是的，教练你猜得很对。那我该怎么办?”

教练说:“你是否担心一旦要求员工，员工受不了，会跑掉?”

阿凯说:“教练，你真是个神探，你说得太对了。因为现在人很不好招聘，所以我想自己多做点，让员工都能留下。”

教练说：“阿凯，有这么几点你需要清楚。首先，你高要求他们，他们不一定就会跑掉；其次，员工到你的企业工作，而你对他们没有要求，他们没有进步，其实也是对他们不负责任；最后，你是企业管理者，但是你却没有站到管理者的高度去做事情，反倒做了员工该做的事，这实际是在浪费企业成本！”

阿凯恍然大悟地说：“我明白了！原来我一直在纵容他们，也没有尽到自己的责任。”

某企业老总跟教练抱怨说：“我的一个下属总不能听清别人交代的事情。比如，我跟他交代一件事情，还没等我全部说完，他就说已经知道该怎么做了，可真的去做，结果又很不理想。这种情况已经出现好几次了。经理也已经跟他说过多次，可他就是改不了。”

教练听了之后问这位老总：“那他这样做的原因是什么呢？你有没有试着去了解过他内心有些什么想法让他的行为总是如此？”

这位老总听了之后，便回去跟下属做了一次深入的沟通，最后终于发现，原来下属之所以总是很快就说“我知道了”，是因为他想在上司面前表现出自己反应灵敏（用广东话说就是“醒目”）。由于这家公司很注重员工的能力和素质，所以他担心如果不这样表现的话，别人会觉得他反应迟钝、没有能力。

了解到他的担心之后，老总便非常有针对性地打消了他的顾虑。很快，下属的心态就端正、健康了，而随着心态的转变，他做事的模式也慢慢开始发生变化。

有时候，学员在跟教练对话时，会觉得教练像一个算命先生，什么事情都会被教练说中；或者像一个神探，能够知道自己的心思，并能够解决问题。

其实教练并不是什么神探，也不是什么算命先生，而只是掌握了教练的核心原理：态度决定行为，行为决定结果。

我们总是习惯于遇到问题时在行为上找原因，但这样往往不能真正解决问题。而教练的独到之处，就在于他能深入到心态、信念上，在通常的管理制度、流程影响不到的地方发挥作用。

通常，在问题发生的层面（行为层面）上是很难解决问题的。就算解决了问题，往往也是治标不治本，只有在高于问题的层面（态度层面）上才能真正解决问题。

结果不理想，是因为有无效的行为；无效的行为，是因为有无效的态度和信念。因此，只有从根本上调整工作的态度和信念，才能真正解决工作的问题。

一句话，具备教练的洞察力，你也可以是心灵的神探。

具备教练的洞察力，你也可以是心灵的神探

接纳回应

有时候，刚接触教练的人会惊讶于教练说话的直接。但通常情况是，人们初时会觉得有些刺耳、不舒服，久之又觉得舒畅、坦诚——原来说话可以这么痛快！

毛泽东曾在《论联合政府》一文中对批评与自我批评问题有这样的论述："房子是应该经常打扫的，不打扫就会积满了灰尘；脸是应该经常洗的，不洗也就会灰尘满面。我们同志的思想，我们党的工作，也会沾染灰尘的，也应该打扫和洗涤。"

建设政党的经验，也值得我们在打造企业团队时借鉴。事实上，教练给予回应的作用，从某种意义上说也接近批评与自我批评。

有“儒家慧能”之称的王凤仪先生说:“人有不是都往外推,不知自省,才起争端。”大意是说:人与人之间的争端往往是因为大家互相推诿责任,不懂得反省自己才产生的。

他还说:“身界人不知有过,闻过则怒,终身不改;心界人好面子,闻过则饰,这是讳过,知而不改;意界人虚心,闻过则喜,有过能改;志界人闻过则拜,心里感恩,从心里认不是,不是口头上认不是,是真认不是,内心里忏悔。”

这就是不同层面的人听到批评与回应时的反应:有人会生气,有人会掩饰,有人会很开心并虚心地接纳,还有人会对之感恩。

有则改之,无则加勉——接受回应不是否定自己,更不是把所有的缺点与短处加以放大并为之烦恼、忧虑。

以人为镜,可明得失——回应是一份成长的礼物。开放地接纳回应,就是从他人眼中更好地认识自己,从而更好地超越自己!

回应是一份成长的礼物

液 化

一

“我们始终都在练习微笑，终于变成不敢哭的人。”一幅漫画如是说。

这说明我们在长大的过程中不仅形成了很多固定信念，也形成了很多固定情绪。这些“固化”让我们失去了很多的可能性、可塑性与流动性。

所以，教练有时会允许或鼓励被教练者有流泪等情绪反应。

因为，从“固化”到“液化”，很可能是我们的固定模式开始被打破、开始“溶解”的表现。

甚至更进一步，从“液化”到“气化”，形成我们自己的气场！

二

有一位女老板从小到大都靠自己打拼，因此形成了很坚强的性格。看到员工哭，她还会对他们说：“哭有用吗？有用的话，我就天天哭。”

哭有用吗？哭的确可能对事情本身没有直接的作用，但它还有其他的作用：

1. 据说眼泪是帮助身体排毒的，因此，适当地哭是有益身体健康的；

2. 哭可以表达情感，让别人了解你的感受，从而更容易了解你；

3. 哭还可以是示弱的表现，而有时候示弱比示强更有效力。

三

据说，刘备的江山是哭来的——不还荆州时，对鲁肃哭；为了回荆州时，对孙尚香哭；被曹军追杀时，为百姓而哭。

这样看来，哭的用途怎么强调也不为过。

当然，这并不意味着我们都要学做悲剧演员，经常以飙泪来达到目的，而是说我们无须压抑情感，要允许自己用情感来与他人进行沟通。

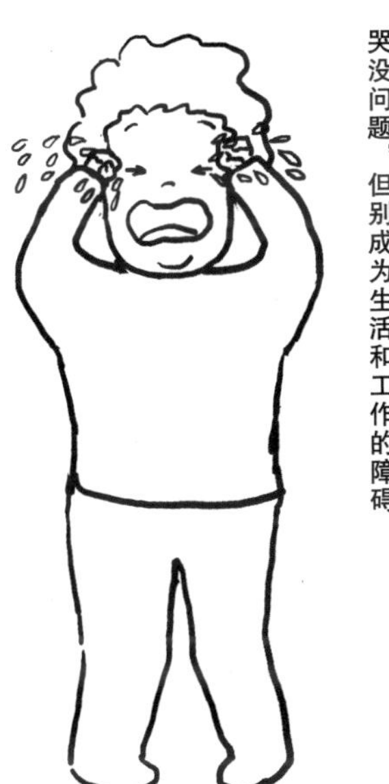

哭没问题，但别成为生活和工作的障碍

Coaching

“夫仁者，己欲立而立人，己欲达而达人。能近取譬，可谓仁之方也已。”——《论语·雍也》

教练的英文是 Coaching，其原意是指四轮马车。四轮马车在古代是高贵的交通工具，早期仅为贵族所有。四轮马车的作用可以理解为，“把有价值之人从现有之地送到梦想之地”。

这个释义很有诗意，也蕴含着很丰富的意义。它里面包含了几个关键词。

“现有之地”——你现在的位置，即你的起点在哪里。

“梦想之地”——你要抵达的目标，即你的目的地在哪里。

从“现有之地”到“梦想之地”，也就是从现在的状态达到最终目标。

我们都有乘坐的士的经验，还记得我们上车时的士司机通常说的第一句话是什么吗？

没错，就是“您要去哪儿”。这句话就是在厘清你的目的地。

教练的工作也一样，教练常问的首要问题也往往是：你的目标是什么？

所以，从这个角度来看，教练与的士司机的作用一样，都是帮助你从起点去往目的地。只是，教练关注的是你的心灵要去哪里。因此可以说，教练提供的是“心灵的士”。

还有一个关键词——“有价值之人”。这个说法原本专指贵族。而到了今天，这个说法的外延要大大扩展了——每一个有梦想的人，都可以算作有价值的人。就像《北京欢迎你》的歌词里写的：有梦想谁都了不起。

在这里，我要特别指出一个误区——有的人以为，接受教练就代表自己有问题或者说有缺点。其实恰恰相反，被教练的人在我看来正好是“有价值之人”，是拥有潜力和全部可能性的人。接受教练意味着：你现在已经做得很好了，不过你还可以做得更好！

因为，每个人都有无限的潜能。

每个人都是值得教练支持的有价值之人！

教练赢的方式是支持你去赢

PART 4

好教练何以炼成

三 情

成果、学习、体验，是教练关注的三个关键要素。我们在进行教练的时候，会关注对方学到了什么，以及他有什么体验。

学习是为了更有效地获得我们想要的成果；成果则是检视我们学习与行为的有效性的一个重要尺度。但若只有这两者，人就会变成一台只知不断改进、不断工作的成果机器。

因此，我们还需要体验，在行动中的体验，在学习中的体验，在成果中的体验。

教练都是以人为本。关注对方的体验，能更有效地与对方建立关联，也能通过体验更好地了解对方的真实状况。

北大心理学博士李松蔚说："坏的感觉好过没有感觉。感觉，即使是坏的感觉，也是人类彼此趋近的黏合剂。"

成果，代表过去。无论成功或是失败，都是一种成果。但那已属于过去。过去的是已发生的事实，事实是用来面对的。我们常说“实事求是”，客观事实才是唯一权威。

体验，代表当下。当下的感受，当下的心情，当下身体、思维、情绪的反应，都属于体验。当下是用来觉察的。

学习，代表未来。学历属于过去，学习力属于未来。未来是需要我们去创造的。

成果是事情，体验是心情，学习是行情。

所以，教练的工作概括起来就是：

支持被教练者面对过去的事情，觉察当下的心情，创造未来的行情。

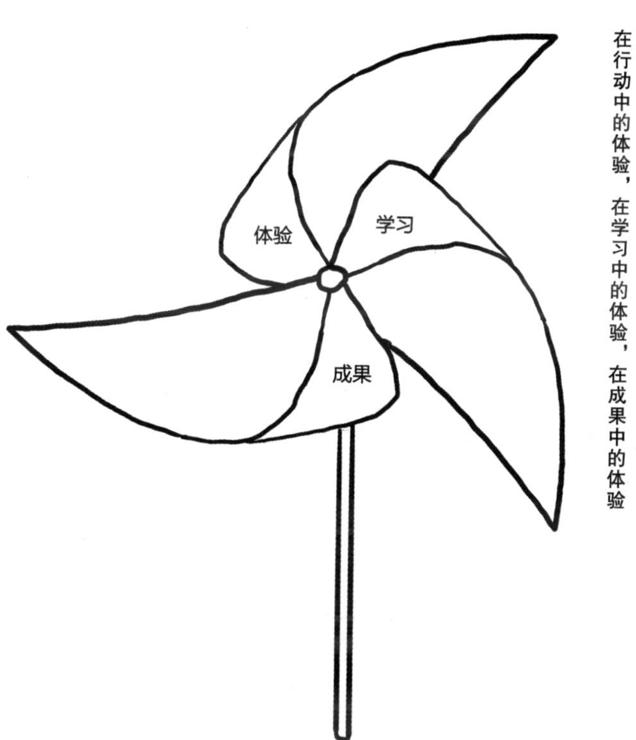

在行动中的体验，在学习中的体验，在成果中的体验

渡

有一次，教练 M 跟教练 H 一起总结工作。

M 问 H："你是用什么心态来对待你的客户的？"

H 回答说："每一次我都自我定向——我要用渡人的心态来支持他们，支持他们改变自己的生活态度。"

M 说："你可能掉进了一个误区。你刚才的说法让我感觉你们是不平等的，你觉得自己比他们高、比他们强，所以他们需要你来渡。"

H 本来觉得自己有渡人之心，境界很高。听到 M 这样说，感到很意外，也很惊讶，便问 M："是吗？我给你这种感觉吗？"

M 说："是的，我感觉你好像是想教育他们，说得更严重点，是想教训他们。"

H 虽然对 M 的话不是完全理解和接受，但也没有辩驳。

在后来的工作中，H 越来越觉得 M 说得对，他发现自己确实隐藏有高人一等的想法，总觉得自己要去影响、改变别人。

他调整心态后，才发现：“有时候，其实不是我在渡别人、渡被教练者，而是他们所有人都是来渡我的。”所谓教学相长，在教练的过程当中，其实不仅被教练者受益，教练自己也在受益。

同时，他也理解了另外一位老师跟他分享的一个心得。

那位老师说：“讲了这几年的课，我不知道有没有把学生讲明白，但我确实把自己讲明白了。”

教练有道

有人曾问："教练这套技术这么厉害，要是坏人学了怎么办？"

教练回答："是的，企业教练是中立的，谁都有机会学到。就像先进的科学技术，好人坏人都能掌握，好人会为人类造福，坏人就可能给人类带来灾难。所以我们不仅要注重教练的术，更要注重教练的道。"

企业教练就像一把刀。刀本身无所谓好坏，但是不同的人会有不同的用法——医生用它来救人，匪徒用它来杀人。

只重术，不重道，往往会培养出"科学怪人"。

什么是道？

你的心就是你的道。荀子曰："心者，道之主宰！"

教练者自心不正，企业教练也有可能会成为其保护自己、误导他人的凶器。

初学教练时的常见误区包括：

自己想做一位好教练，希望被对方认可，所以往往把精力用在证明自己的教练能力上。其实，能帮助被教练者成长与成功，自然就是好教练。这就是所谓的“不求得之”。

自己太好胜，觉得一定要搞掂对方，所以用对方的弱点来打压对方，使对方屈服。

自己不中立，太武断，又因为具备自我洞察和迁善的能力，就会利用发问等技巧来让对方说出自己想要的答案；或是收集证据，证明自己的观点。总之就是挖个“坑”，要让对方跳进去。

…………

所有这些表现都说明——教练者的修为有待提升！

每个人都有一颗心。在很多情况下，别人的心和你的心都会有同样的或好或坏的感受。所以，如果你期待别人如何对待你，就请你先如何对待别人。

教练有术，教练亦有道。

真正的教练，道术并重，以道驭术。

在教练他人时，记得问问自己站在什么“道”上。

对于企业教练，不同的人有不同的用法

卧虎藏龙

一

还记得李安的获奖影片《卧虎藏龙》吗？

这部影片勇夺奥斯卡四项大奖，是华语电影历史上第一部荣获奥斯卡金像奖最佳外语片奖的影片，曾在全球风靡一时。

这是一部武侠片。“武侠”一词，“武”是术，“侠”是道。

电影里精彩好看的武打场面背后，隐含了很多人生哲理与文化底蕴。

其中有一个情节是这样的：

窃取了青冥宝剑的玉娇龙去归还宝剑时被李慕白发现，于是两人展开一场打斗。李慕白仅仅手持树枝，便打得手持青冥剑的玉娇龙毫无还手之力。

这场打斗，其实就可以说是侠与武的较量，也就是道与术的较量。

青冥剑当然是宝物，但是也要看握在什么人手中。不同内功的人用起来，其威力大不相同。

最终的结果是，李慕白深厚的内功胜过了青冥剑锋利的剑锋！

二

因为看好玉娇龙的学武天分，李慕白有意收她为徒。

之后，李慕白不仅教玉娇龙武术，还在与她过招时刻意结合武术教其做人的道理。李慕白说了这样一句话：“揣而锐之，不可长保。”

这句话出自老子的《道德经》。

这里面有两层意思：第一层意思是实物层面的，比如一把刀无论多么锋利，也不可能永远保持自己的锋利；第二层意思是做人层面的，就是说人不应该机关算尽、不做好事，这样做只能逞一时之快，过后可能会遭到报应。

简而言之，过于显露锋芒，锐势便难以长久保持。

如何才能长久？

答曰：该卧的时候虎要卧，该藏的时候龙要藏。

再答曰：不仅要修术，更要修道。

长与久的秘诀就藏在“道”里。

三

影片中还反复提到“本心”一词。

李慕白对玉娇龙说：“我要看看你的本心。”

年轻气盛的玉娇龙回了李慕白一句：“你们这些老江湖，如何能看到本心？”

用时下的语言来说就是，“你和我有代沟了”“其实你不懂我的心”。（可见，高手收徒弟也不容易，还要跟徒弟调整好沟通的频道才行。）

修为颇深的李慕白悟道：“江湖上卧虎藏龙，人心里又何尝不是？”

江湖上刀光剑影，因为每个人的心里都卧虎藏龙！

所以，他要看看这个名叫“娇龙”的女孩心里到底卧着哪一只“虎”、藏着哪一条“龙”。

剑法即人法！

人法即心法！

企业界是江湖，教练界也是。

被教练者心里卧虎藏龙，教练的心里又何尝不是？

因此，要想在江湖上长久行走，不仅要关注对方的“本心”，更要守住自己的“本心”。

迁善与改变

一

“迁善”是教练中常用的一个词。那么，什么是迁善呢？

“迁善”一词源于《周易》——君子以见善则迁，有过则改。孔子视《周易》为“迁善改过”之书，从人道教训和生活智慧的层面解释卦、爻之义，其实是很有道理的。

迁善的反面是什么呢？

固执、钻牛角尖、执迷不悟、死不悔改。

迁善，意味着当下转身。

迁善是为了更有效。它不是一个简单的道德层面的概念。

佛教里说：苦海无边，回头是岸。苦海无边无际，只有愿意回头，才能找到出路。

二

变色龙，学名避役。顾名思义，变色龙能改变自己的颜色。

变色龙的变色现象与其他生物的保护色、警戒色相似。变色龙的肤色会随着背景、温度和心情的变化而改变。

有一次，一位资深的教练分享说："我觉得教练就是变色龙。"

"不过，"她补充说，"是为被教练者而变。"

这个说法有点像招商银行的广告语：因你而变。

我对"教练是变色龙"的理解是：教练具有很好的迁善能力，能根据被教练者不同的情况来迁善自己。

所以，在教练领域里常有如下说法：

你不迁善，我迁善；

觉悟高的人不是跟别人比谁是对的，而是比谁的迁善速度快；

教练要比被教练者迁善得更快。

美国《国家地理杂志》曾撰文指出，依据动物专家的最新发现，变色龙变换体色不仅仅是为了伪装，体色变换的另一个重要作用是能够实现变色龙之间的信息传递，便于和同伴沟通。这相当于人类语言，只是变色龙用颜色来表达自己的意图。

这从某种程度上也指出了迁善的作用：迁善自己，是为了跟不同类型的对象更有效地沟通。

三

很多人把迁善理解为“改变”，其实两者是不同的。

我们借助英文来区分：改变是 change，而迁善是 shift。

change 与 shift 有什么不同呢？

change 的意思是改变，改变之后就无法还原。shift 是换挡，如果有需要，还可以换回来。而是否换挡，要看目标是什么。比如，有人因为内心障碍而恐惧上台发言，这时就需要从恐惧迁善为勇敢。但这种迁善并非否定恐惧，因为恐惧这种情绪其实是中立的——在某些情境下，恐惧也有好处。如果没有对车祸的恐惧，人们就会毫无顾忌地横闯马路了；如果没有对法律制裁的恐惧，人们就可能会肆无忌惮地抢银行了。

shift 这个单词，我们见得最多的应该是在电脑键盘上。Shift 在电脑键盘上是负责中英文的切换键。从“中文”切换到“英文”，不代表“中文”的功能没用或者“中文”是一种错，而是这一刻我们需要“英文”的功能；同样，从“英文”切换回“中文”，也不等于“英文”的功能没用或者“英文”是一种错，而是这一刻我们需要“中文”的功能。

所以，心态迁善，只是把某些情境下不适宜的心态进行转换，但在情境变化之后，这种心态还可以转换回来。

“我要把自己变成一个坚强的人！”

需要吗？未必！

如果真的把自己改变成一个坚强的人了，就意味着你只具备了坚强的能力——任何地方都坚强、任何时候都坚强，不该坚强时也坚强。你温柔的那一面就被抹杀了，也就丧失了温柔的能力。

实际上，你本来就具备坚强的能力，但你同时也具备温柔的能力。

某个时刻，你只需要从“温柔的一面”迁善到“坚强的一面”就好了。

而另一个时刻，你也可以从“坚强的一面”迁善到“温柔的一面”。

有时候，我们是需要改变的。

有时候，我们只需要迁善。

shift

曲突徙薪

一位客人拜访一户人家，见其家炉灶的烟囱是直的，旁边又放了不少柴草，于是就对户主说："烟囱应改成弯曲的，把柴草也搬远一点，否则容易引起火灾。"主人听了不以为然。

不久，这户人家果然失火，幸亏邻居相救，及时扑灭了大火。

事后，户主杀牛设宴，感谢邻居。被火严重烧伤的人坐上座，其余的人也依次入座，唯有曾建议他防火的客人被晾在一边。

于是有人便对主人说："假使当初你听从那位客人的话，很可能就不会发生火灾，你现在也用不着杀牛设宴了。今天你论功请客，好心建议你的人没有得到优待，'焦头烂额者’却被你奉为上宾。”主人这才幡然醒悟，赶忙邀请那位客人上座。

这就是成语“曲突徙薪”的由来。

这个故事告诫人们：事先采取防范措施，才能更好地防止灾祸。

教练工作也是如此。教练提倡预防而不是补救。

在我多年的教练生涯中，我遇到过很多自身已经面临糟糕的情况，才来找我寻求补救的学员。要知道，教练不是神，已经发生的事情是无法挽回的。我们只能从已经发生的事情中得到教训，预防以后再犯类似的错误。

为什么大家不重视预防呢？因为预防好像是一件额外的事情，一件麻烦的事情，而且是一件看不到成果的事情。

预防成功了，成果不会增加。当人们看不到眼下的价值的时候，就没有动力去采取预防的措施。

而补救是不得已而为之的事。因为补救时已经看到损失了，若不补救，这个损失就会继续扩大，所以人们就有足够的动力去采取措施。

这就像那位主人重视救火的邻居，而轻视提醒的客人一样。

平时哪些工作是预防，哪些工作又是补救呢？

事前沟通是预防，事后谈判是补救；

教育是预防，惩罚是补救；

培养人才是预防，高薪挖才是补救；

提升品质是预防，处理投诉是补救。

检视一下，平时我们是预防多还是补救多呢？如果我们把补救的做法改成预防的做法，会给我们带来怎样的改变以及价值呢？

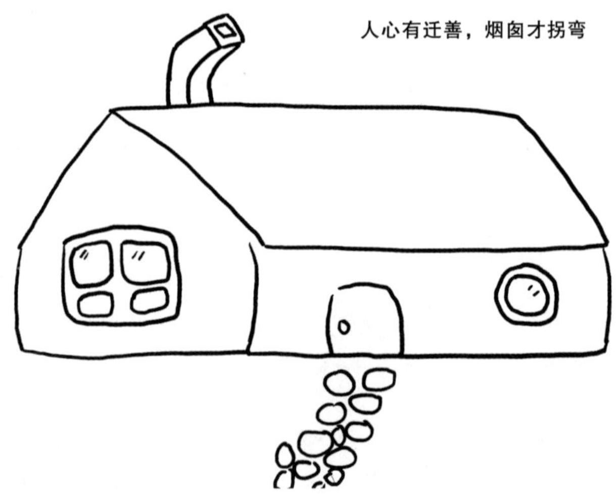

望闻问切

中医乃我国三大国粹之一，其望闻问切的治疗方法广为人知。

其实，教练的做法和中医有类似之处。在这里，我借大家熟悉的望闻问切来比拟教练能力的不同作用。当然，未必完全精确，权当参考。

望：教练观察对方的身、心、语。

身、心、语分别代表人的身体、情绪和语言，三者有互动和牵制的关系。比如当人的情绪波动时，身体亦会有相应的反应。

闻：教练发挥自己的聆听能力，听对方的动机、假设和情绪。

同时，教练也要运用直觉能力去感受对方，感觉对方的情绪，体会对方的感受。

有时候，直觉比逻辑更有效。

问：教练的发问能力。

老师教人知识，顾问给人答案和方法，而教练却用发问来启发人。

教练通过发问启发人思考，推动人创造，以此调动人与生俱来的潜力。

切：教练的区分与回应。

区分和回应能帮人看清自己的盲点，觉察自己内在的心智模式，以及这些潜在的信念与价值观如何影响日常的选择和行为，进而让人迁善心态，创造新的可能性。

教练的望闻问切主要是针对人的心智模式，而不是人的身体。

望闻问切，不仅要运用眼睛、耳朵和嘴巴，更要用心。

教练，不仅要运用眼睛、耳朵和嘴巴，更要用心

放大镜

两个人在沙漠中旅行。在旅途中，他们吵架了。一个人在盛怒之下给了另外一个人一记耳光。被打的人羞愤异常，愣了好半天，最后一言不发，在沙子上写下：今天我的好朋友打了我一耳光。经过长途跋涉，他们终于踏上了绿洲，看到了清澈的河水。两人兴奋极了，摇摇晃晃地向河边走去。此刻，由于炎热、饥渴和劳累，他们的体能已达到极限。刚到河边，被打的那个人便一头栽进河里了。另一个人赶忙上前，费了九牛二虎之力才将他救起。被打的那个人醒来之后拿起剑在石头上刻下：今天我的好朋友救了我一命。朋友不解：为什么我打了你，你要写在沙子上，而我救了你，你要刻在石头上呢？那人笑着回答说：把朋友的伤害写在沙子上，风会很快抹平它；把朋友的帮助刻在石头上，可以经得起沧海桑田……

可见这个被朋友打的人是一位豁达的智者，因为他懂得放大朋友的恩情，缩小朋友的伤害。

很多年前，我参加了一个以“教练”为主题的工作坊。

主持这个工作坊的国外教练是两位和蔼可亲的老太太。她们俩搭档主持，风格亲和轻松，对于参加者也是以激励、欣赏为主。

有一个细节能生动反映她们独特的教学理念，那就是她们会给工作坊中的每个人发一份小礼物——一面小小的特制的放大镜。

这面放大镜的意义在于，提醒教练们要像放大镜一样放大被教练者的优点。

教练需要有放大被教练者的能力。但是，还必须要搞清楚放大的方向。

想一想，我们平时是如何运用这面放大镜的？是常常放大别人的优点还是放大别人的缺点？是放大自己的优点还是放大自己的缺点？

注意力在哪里，能量就流向哪里！

而且，教练这面放大镜，除了可以放大对方的优点以外，可以放大的还有很多：

放大潜力、放大梦想、放大格局、放大视野、放大可能性……

最终放大人生的成就。

爱的含义

我们热爱这个世界时，才真正活在这个世界上。

——泰戈尔

有人从英文的角度对 LOVE 进行了解读：

“L”代表 Listen(倾听)，

“O”代表 Obligate（感恩），

“V”代表 Valued(尊重)，

“E”代表 Excuse(宽恕)。

这些正是教练需要具备的素质。

倾听就是爱，能好好地倾听对方，说明你关心他的一切。倾听是双方建立联结的有效渠道，也是教练的基本功。

感恩代表你记着对方的好，宽恕代表你原谅对方的错，代表你愿意选择性地投放你的注意力。

而尊重意味着把对方放在重要的位置上。如果你觉得他足够重要，自然会好好对待他。

在教练圈子里，我们常说：团队中如果有人离开，表面的原因有很多，真实的答案却只有一个，那就是——你对他的爱不够。

呵护是爱，鞭策也是爱；

宽容是爱，严格也是爱；

激励是爱，挑战也是爱；

陪伴是爱，离开也是爱。

在《水知道答案》中，无论是中文，还是英文，还是其他文字的“爱”，所呈现的水结晶都是那么美丽。其实不仅水知道答案，我们每个人都知道答案。

我很喜欢这样一个说法：只要爱没有增加，一切就没有真正改变！

印度哲学家克里希那穆提说：“如果有了爱与美，不论你做什么都是对的，都会带来秩序与和谐。只要你知道如何去爱，一切问题都将迎刃而解，你就能随心所欲而不逾矩。”

黎巴嫩著名诗人纪伯伦的表达更有诗意：

生活的确是黑暗的，除非有了渴望；

所有的渴望都是盲目的，除非有了知识；

所有的知识都是徒然的，除非有了工作；

所有的工作都是空虚的，除非有了爱。

当你们带着爱去工作时，你们就与自己、与他人、与上帝融为一体……

爱，是唯一出路

鱼与渔

教练的工作是授人以渔。其中的道理，想必大家都明白：授人以鱼，不如授人以渔。

有人可能会问：如果我还没学会捕鱼就快饿死了呢？

那就同时授以“渔”和“鱼”。

在一次课堂上，一位学员分享了其管理的困惑：他带三四个人的团队时，一切都很顺利，也没有遇到什么问题。现在团队已经有十几个人了，在业务方面却还是以他为主。他很想抽身出来做一些事情，把企业做得更大。可是如果他抽身出来，把业务全部交给团队，他又担心企业会出现生存危机。

通过与这位学员的对话，我发现这位学员很实在，敢闯敢拼，但是读书不多，管理经验不够。虽然我一直启发他，他也很认真地找方法，可最后还是不知所措。

基于他的情况，我决定给他一些方法：第一，平时多学习，需要恶补管理方面的基本知识；第二，重视团队人才培养，哪怕有时候需要付出一定的代价；第三，他自己可以先抽出一部分精力做更大的规划，慢慢再过渡到完全放手，自己完全抽出身来。

这位学员听完之后觉得非常受用。

教练并不是完全不给予方法，而是想启发对方自己找方法。必要的时候，其实教练也可以适当给予一些方法。

如何把握其中的分寸呢？

李时珍在《本草纲目》中说：急则治其标，缓则治其本。

所以，急则“授鱼”，缓则“授渔”。

既“授鱼”，又“授渔”，标本兼治！

既授鱼，也授渔

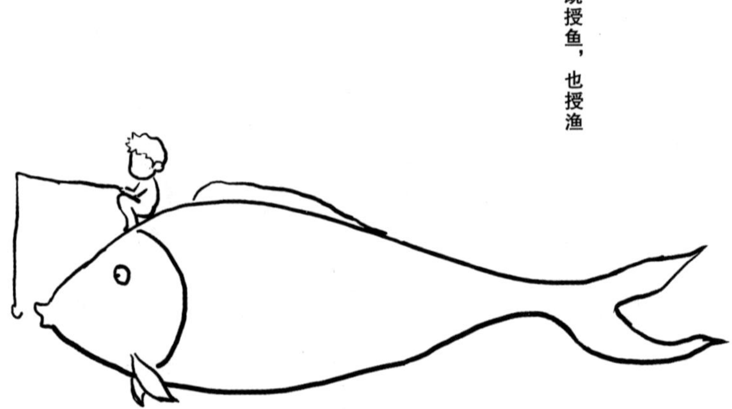

不知道

有时候，教练在跟被教练者对话时，对方时常会说："我不知道。"

这时，教练需要区分对方所说的"不知道"，是技术问题还是心态问题。技术问题是指对方真的不知道；而如果是心态问题，则需要听到"不知道"背后的意思。

有时候，所谓的"不知道"其实是不敢面对。

比如，教练问对方"你的目标是什么"，对方回答"不知道"，那么很有可能他不是不知道目标，而是觉得自己没有能力实现目标。

有时候对方说"不知道"是他不想告诉你。

“不知道”是拒绝回答的委婉方式。

而有些时候，“不知道”三个字所表达的意思是不完整的。对方其实是在说：“我不知道怎样做才对。”

比如，“我不知道如何跟客户沟通”，这句话真实的意思应该是，“我不知道如何跟客户打交道才正确”。

有时候，“不知道”实际上表明对方没有安全感。

比如，“我不知道怎么选择项目”，其实背后的意思是说，“我不知道怎么选择项目才安全”。

你可以选择“不知道”，

但你必须为你的“不知道”负责！

我不知道

PART 5

争当教练型领导

谁是英雄

据说，好莱坞著名女星英格丽·褒曼曾去见了丘吉尔和萧伯纳两位名人，但是她见到两人后的感受很不一样。

英格丽·褒曼说：见丘吉尔时，我觉得他是英雄；可见萧伯纳时，我觉得我自己是英雄。

领导不是要成为别人心中的英雄，而是要让每个人成为他自己心中的英雄。

这是教练型领导的方向。

钱塘江大潮是一道闻名遐迩的盛景。每年的潮起潮落都会吸引大批的观潮者。

管理学上有“钱塘江原理”一词，意思是说：领导者不是钱塘江中翻腾的浪潮，而是造就这些浪潮的地势地貌，即是一个创造可以让员工尽情发挥的空间和平台的人。

这样的领导允许员工比自己更优秀，能够充分发挥员工的积极性和创造力。他只是提供一个良好的环境让员工去尽情发挥，从而使企业获得更大的原动力与发展空间。

广州有家集团公司的老总，同时管理着十几家分公司和两家工厂。

每天上班，办公室外都会有人等着汇报、请示工作。老总心里挺享受，觉得“这个公司离开我就不行”“还是我厉害”。

然而，做英雄的代价就是自己成了公司的“救火队员”，哪里有“火”就往哪里扑。因此，他觉得非常累。

后来，他接触到教练的理念，于是开始转变管理风格。从什么都自己做，转变为授权给他人做，自己只管理四位副总，让其他人有充分的发挥空间。

结果，没用多长时间，他的企业就从亏损大户一跃成为缴税大户。

在比赛场上，教练是在场外而不是在场内的。

在企业中，教练型领导也一样，是场外的隐形英雄，以成就场内更多的“运动员”，让他们能够如愿做自己的英雄。

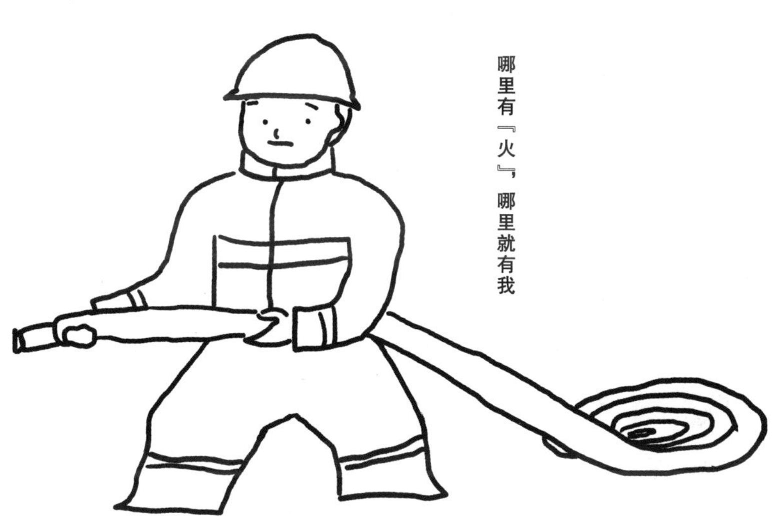
哪里有『火』，哪里就有我

开悟的领导

一位管理者向教练诉说他的烦恼："现在的'90后'员工不好管，工作不积极，心态也很不成熟，容易情绪化。前几天我开除了一位'90后'员工，结果几天之后，其他的三位'90后'员工也走了。"

教练："那么，你觉得他们不好管的原因是什么呢？"

管理者："他们心智不成熟，缺乏自律。我在还好，我不在，他们就偷懒，顾客来了也不理，只顾玩手机。"

教练："你期望他们怎样？"

管理者："我想他们好好工作。我老婆看店的时候，每月能赚5万，他们看店的时候，就只能赚点工资费用和场地费用。"

教练："既然如此，那你为什么要用'90后'员工，而不用'70后'、'80后'员工呢？"

管理者："因为我的店是经营时尚产品的，而'90后'员工比较时尚、年轻，有创意。"

教练："你有没有了解这些'90后'员工的想法？比如他们喜欢什么，他们的偶像是谁。"

管理者："没有，我自己是'70后'，平时还是喜欢跟'70后'的朋友在一起。"

教练："所以你只是想用他们，并不想懂他们。"

管理者："是的。本来我只想开除其中一个的，没想到其他几个人也被那一个给带走了。"

教练："这说明你对其他几个人的影响力，不如那位被开除的员工咯。"

管理者："是的，看来我没有跟他们建立好联系。虽然我自己也多少有点这方面的朦胧意识，但经过刚才教练的点拨，这种意识变得更清晰了。这就是我需要着力改善的。"

与上面这个案例中的管理者相反，我认识一位已经50多岁的公司领导者，他能跟公司里的年轻员工打成一片。有一次，他出来跟我谈事情的时候，竟然穿着一套超人的衣服！我就感到很奇怪，觉得以他的年龄和当时的场合，按理他都不应该穿这身衣服，便忍不住问他是怎么回事。

他说："我们公司主要经营时尚年轻的美甲产品，所以需要很多'90后'年轻人。为了能够更好地管理他们，我就主动'打入'

他们的队伍，跟他们交朋友、一起玩！而且，通过跟他们的接触，我也觉得自己年轻了好多！这不，我跟他们打赌，如果我输了，就要穿这身衣服一整天。结果我输了，所以只好穿这身衣服来见你了！”

当然，管理不是单靠一套超人服或者搞怪、搞笑就可以搞好的。但无论如何，能够与不同类型的员工建立联系都是领导者需要掌握的一门艺术。

由此，我们可以将领导的哲学归纳为：

未开悟的领导是用自己的方式走进对方，

开悟的领导则是用对方的方式走进对方。

放权与控制

一个人不能控制另一个人。

很多人在管理上有困惑：明明对下属放权了，但是下属还是按照上级的意思来做；明明让所有人各抒己见，可大家还是三缄其口。为什么会这样呢？

原因其实很简单，就是很多人表面上放权，可实际还是想控制。

而这种情况发生得如同呼吸一样自然，以致我们自己根本觉察不到。

这样的结果往往是，对方口服心不服。或许他也会认同，但不会百分之百投入，或许他就直接闭嘴了。

有一位企业家口才非常好，逻辑思维能力也非常强。一天，他跟教练倾诉与妻子之间的关系上存在的困惑。

企业家说："我跟我老婆结婚已经20年了，我一直把她当心肝宝贝，但是我觉得她并不真正快乐，总感觉很奇怪。"

然后他讲了一个很长的故事，大意是：妻子为了他放弃工作，专门陪在他身边。而他一心想追求自己的梦想，但是他也很尊重妻子，经常询问她意见。还把存款交给妻子保管，把家里大小事的决定权也都交给了妻子。可他心里就是感觉不到妻子真正的快乐。

教练认真听他说完之后回应道："我觉得你是假放权，真控制。你表面上征求妻子的意见，其实骨子里却还是认为'我说了算'。你认定的东西就会非做不可，但是你表面上会表现得非常民主。所以为什么你妻子说不出话来，因为她说不过你。但是她心里那种感觉还在，她清楚虽然你嘴上说得很好，但是你心里想控制她。她感觉不舒服不是因为你有梦想，而是因为她在你心里没有得到足够的重视。"

这位企业家听后恍然大悟。

如果真正放权，我们就要把主动权交出去，其产生的结果会是未知的；而如果是要控制，那么无论我们怎样做姿态，结果都必须是我们自己所预想的。

看到这里，你不妨也试着自我区分一下，自己平时是放权还是控制呢？

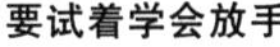
要试着学会放手

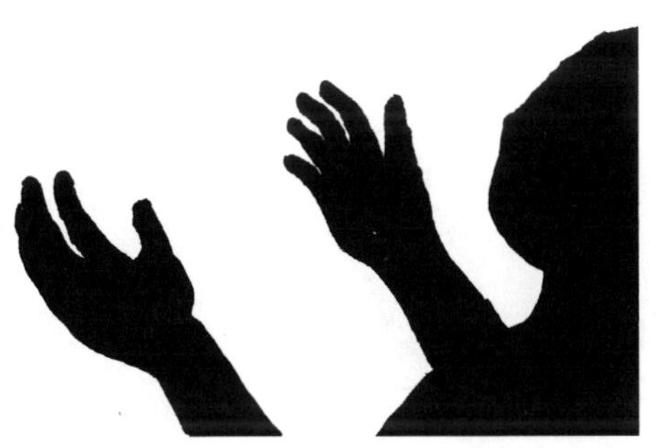

钱与心

马云说：员工为什么辞职？原因无非两个：钱给少了，心委屈了。

领导者不仅要善于分钱，还要懂得调心。

有一位老板说："我有一个重要的下属跑掉了，因为别人给他的工资更高。"

教练对他说："很明显，你跟员工之间是通过钱来产生联系的。所以，当别人多给他一点钱的时候，他就跑了。想想看，如果你少给老爸老妈一点钱，他们会跑掉吗？"

老板说："不会。"

教练问："什么原因呢？"

老板说："我和他们有感情关系。"

教练说："是啊，因为你跟他们有感情关系。你再想想，你平时跟员工的关系如何？"

这位老板不愿承认自己有问题，于是又辩解说："其实应该也不全是钱的问题。我最近解除了他的一些权力，而这个人有很大的权力欲。"

教练说："也是一样。其实与权力无关，而是他感觉不被尊重或不被信任。因此还是要看你们之间的关系。"

老板说："有些员工我都已经给他们股份了，可还是感觉他们工作不努力。"

教练说："那只能说明他们真正想要的不是股份。"

老板问："那他们到底想要什么呢？"

教练说："这个问题你要问他们自己。"

我以前的同事、教练 Eric，曾对管理者和教练型领导做过一个区分。他说："管理者要做到的是，让工作伙伴'薪悦诚服'，而教练型领导要做到的则是，让工作伙伴'心悦诚服'。"

所以，领导者两手都要硬：一手管"薪"，一手管"心"！

领导者要一手分钱，一手调心

脑与心

从企业教练的角度来看，人的能力包括：思维能力、行动能力，以及情绪能力。

诸葛亮、吴用、庞统这类谋士，实际相当于如今的参谋或顾问，属于思维能力很强的人；蜀国“五虎上将”和梁山好汉李逵、鲁智深这类武将，属于行动能力很强、身体素质极佳的人；而刘备、宋江、刘邦这类人，则属于情绪能力非常强的人。最后这类人往往容易成为领袖型人物。

当然，也有些领导兼具多方面的能力。

史蒂芬·柯维在他所著的《高效能人士的七个习惯》中，对人的能力也有类似的划分。他把人的能力分为：IQ——智力商数，EQ——情绪商数，PQ——身体商数，SQ——心灵商数。

不必评判哪一种划分更科学、更精准，这些对能力的不同划分起码告诉我们：成就我们人生的不仅仅是单一的知识、技能，还有其他因素。换句话说，我们不仅需要掌握做事的能力，更需要具备做人的修为。这也就是为什么我们总说要“先学做人，再学做事”的原因。

在美国政界和商界有这样一句俗语：智商决定录用，而情商决定升迁。

智商代表的是专业能力。是否具备专业能力是录用的基本条件。

而情商代表的是处理人际关系的能力。因为“升迁”往往意味着要成为领导，而作为领导，就需要跟团队打交道，需要凝聚和带领团队，这就需要具备良好的情商。

凝聚团队，还需用心

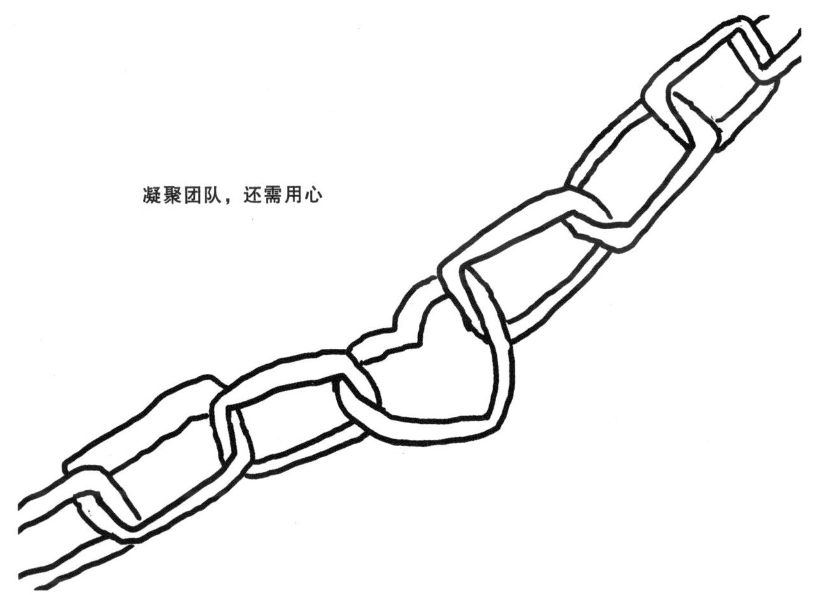

开车与推车

我们都有这样的经验：当一辆车内部没有发动机运作，而要靠外面的人力推动时，在外推车的人是相当辛苦的。

员工如果没有工作的意愿，就如同没有发动机的汽车一样，只能推一下动一下。

之所以会如此，本质上是因为他们觉得自己是为老板工作，而不是为自己工作。

这就是“要我做”和“我要做”的区别。

正如管理大师肯·布兰佳在其经典著作《共好》中所说：很多人一到办公室门口，心就死了。这些人往往还未下班就早早收拾妥当，一下班就冲出去，一刻也不愿多停留。

要改变这一情况，就要点燃内部的发动机。

换句话说，要让员工感觉到工作是为自己做，并且不是在概念上感觉，而是从内心深处感觉。这就需要管理者下功夫探索如何点燃员工内在的发动机。

员工想要什么呢?

很多人会不假思索地回答：钱。

是的，员工是需要钱。但与此同时，他们还有其他需求。

1983年，时任百事公司总裁的约翰·斯卡利被乔布斯“挖”到苹果公司时，乔布斯所开出的工资其实远不如百事公司给的高。

乔布斯对约翰·斯卡利说：“你是想卖一辈子糖水，还是想跟我一起改变世界?”就是这句类似教练区分式用语的话令约翰·斯卡利最终加入了苹果公司。

从这个事例中我们可以看出，有的人把梦想看得比收入更为重要。而之所以会如此，就在于其心中藏有梦想!

因此，领导者永远不要忽略他人的梦想。

有人说，员工的工作是向顾客贩卖产品，而领导的工作则是向员工贩卖梦想。

乔布斯就成功地向约翰·斯卡利贩卖了梦想。

正是“改变世界”这个梦想，点燃了约翰·斯卡利内在的发动机!

点燃梦想，成就人生

团队动车组

阿德："教练，为什么我的企业里总是我一个人最忙最累？是不是当老板都得这样？"

教练："因为你的企业只有你这一个'火车头'。"

阿德："你说得对，其他人都好像仅仅是为我干活。我在公司的时候，他们表现得还好一点；我一旦不在公司，他们就懈怠。"

教练："难怪你会感到忙和累，因为你这个'火车头'拖了好多的'车厢'。"

阿德："那我怎么才可以让他们也都成为'火车头'？"

教练："你自己为什么愿意成为'火车头'？"

阿德："因为这是我自己的企业，我当然要好好干。"

教练："那你什么时候能让他们也觉得这是他们自己的企

业，什么时候他们就能都成为‘火车头’了。”

有人做过一个简单的测试，问一些企业主：“你认为这个企业是谁的？”

绝大部分人的答案都显得理所当然：“当然是我的，我是投资者嘛！”

这说明很多企业主都把企业仅仅看成是自己的。

那么，问题来了，别人为什么要为“你的”企业而努力呢？别人为什么要替“你的”目标而奋斗呢？别人为什么要帮“你的”梦想增添光彩呢？

这个时代有一个伟大的发明，那就是——动车组。

动车组的出现，大大提高了我们出行的效率。

动车组为何比普通的列车快？答案是：每节车厢都有自己的动力，都发挥了火车头的作用。

想想看，如果能把团队打造成动车组，让每个人都成为“火车头”，那这个企业会怎样？

教练型领导不仅仅要经营企业，更要激发人的动力！企业也不仅仅是创造利润的平台，更是成就每位员工梦想的舞台！

教练是成就他人者——帮助他人成就梦想，这就是教练的梦想！

点燃每个人的梦想，团队就会成为动车组。

人人有动力，团队就是动车组

领导的境界

对于领导者的境界，古人早有论述。战国末期的法家思想集大成者韩非子曾有言:“下君尽己之能，中君尽人之力，上君尽人之智。”

意思是:三流的领导凭自己的能力做事，二流的领导能够发挥他人的能力，一流的领导则善于激发和运用他人的智慧。

这样看来，项羽属于三流领导，因为他只能凭自己的能力做事。虽然他自己是武功天下第一的楚霸王，却不会用身边的人才。而刘邦属于一流领导，虽然他自己的专业能力不太强，却能吸引和善用各个领域的高手，因而最终得了天下。

领导者的三种境界，同时也指明了企业的发展之路。

下君尽己之能——这与大多数人创业时的做法差不多，主要靠自己的能力打天下，顶多开夫妻店或者兄弟店，有丈夫或妻子或兄弟姐妹一起帮忙。这时凭借的往往是敢闯的精神或是勤奋的工作。

中君尽人之力——逐渐地，随着企业规模越来越大，企业家光靠自己已经无法应付了。毕竟一个人再能干，其时间与精力也是有限的，所以需要招募人才、组建团队。后来，团队越来越大，就开始打造系统，制定管理规范及制度。

上君尽人之智——再往后，企业规模发展得更大，光靠制度也不行了。这时就需要提升企业家自身的领导力，并建设企业的独特文化。制度约束行为，文化滋养心灵。所谓“管其身不如得其心”。只留住人身的后果是：领导在的时候，员工就好好干；领导不在的时候，员工就磨洋工。

领导自身的境界如何，企业的境界就会如何。

教练的理念和韩非子的观念其实是一致的：成就人心就能成就人才，成就人才就能成就企业。

一流的领导善于激发、运用他人的智慧

管理与领导

这是一个关于领导的案例。

教练的儿子被选为班干部，但他跟教练说他不愿意担任这个干部职位。

教练便问他什么原因。

儿子说："我不想管人。"

教练说："人是不需要管的。你只需要支持他们做好自己的事情就行了。"

这是教练对领导的认识。

最好的管理，是让每个人进行自我管理。领导者的工作，只是支持每个人管好自己而已。

我们平时没有仔细地区分"管理"和"领导"这两个词。

实际上，两者是有很大区别的。这从管理界曾一度流行的一句话“停止管理，学会领导”中就可见一斑。

管理是对事的，领导是对人的。当然，教练也提倡在企业中，人与事要取得平衡，这样才能发挥最好的效果。

教练本身是对人的，要采用一种以人为本的领导方式。

大家有没有听说过机器、设备是需要被领导的？可见，领导的对象一定是人。

我曾看到过一个关于“上司”与“领导”的区分，正好可以从另一个角度来对这个问题进行诠释：

担任领导职务的人叫上司，真正实施领导活动的人叫领导；

上司拥有下属，领导拥有追随者；

上司运用权力，领导运用影响力；

上司维护权威，领导创造关系；

上司追求地位，领导赢得人心；

上司抓权让自己伟大，领导授权让众人伟大。

领导，赢得人心

领导的工作

有一位企业老板与教练谈到他在企业中遇到的困境。

老板：“我不知道到底该不该管员工。对他们管得严，他们就跑掉；不管的话，业绩又上不去。我真的很难做。”

教练：“你管理的目的是什么？”

老板：“为了业绩提升啊。”

教练：“那你管得严的时候，业绩提升了吗？”

老板：“提升了，但员工走了。这不是我想要的。”

教练：“那你想要的是什么？”

老板：“想要业绩提升，而员工又不会走掉。”

教练：“是否只有用严管的方式才能让业绩提升呢？”

老板：“我就是想不到其他办法。教练，你可不可以给我一些提示？”

教练："你想业绩提升，你的员工想不想？"

老板："应该想吧。"

教练："如果他们真的想的话，为什么非要你严管，他们才可以提升业绩呢？"

老板："看来还是只有我在想。"

教练："那么，除了严管之外，你还可以做些什么帮助提升业绩？"

老板："跟员工沟通，让他们看到提升业绩对他们有什么好处，有什么价值。"

这才是一个领导者的重要工作：不仅要管住对方的身，更要留住对方的心——激发员工的理想，让他们有动力朝着目标前进。

想要一头驴拉磨，你可以在后面鞭打它，让它劳动；也可以在前面挂一些驴喜欢吃的干草、胡萝卜，吸引它往前走。

让我们换一个角度来思考：如果你是员工，你想要你的老板管你吗？你想要你的老板激励你吗？老板如何做最能支持你做好工作呢？

你怎么想，就怎么对待你的员工吧。

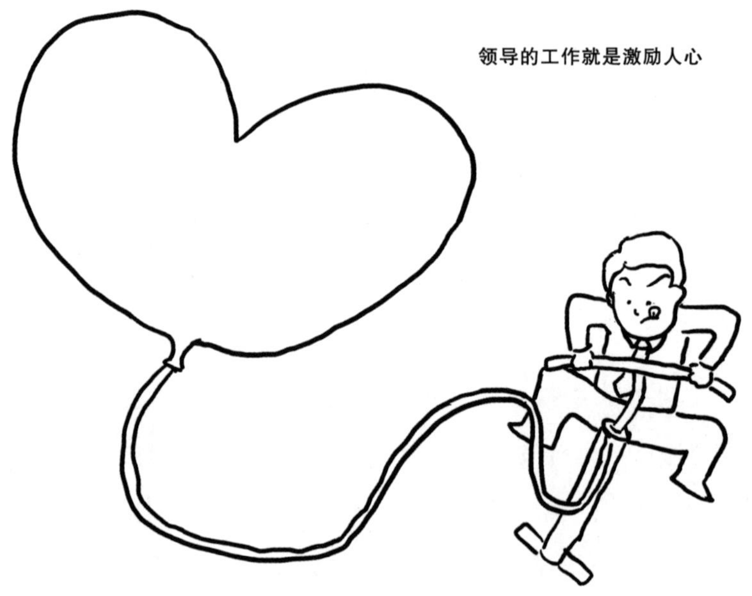

领导的工作就是激励人心

鸡蛋与鸡屎

有一位修行佛学的朋友跟我分享说："很多时候我们对待生活的态度，就像对待下蛋的母鸡——我想要它生的蛋，但不接受它的屎。"

生活就像母鸡，既生蛋，又拉屎。你不能只要它生蛋，不准它拉屎。

爱一个人，不仅要爱他的优点，也要接纳他的缺点。

这是生活与爱的套餐。

小林："我不喜欢客户甲。"

教练："为什么？"

小林："他本来是来跟我谈合作的，可我跟他交谈时发现自己就是不喜欢他，所以我很快就把他拒绝了。"

教练："你不喜欢的人都要推开吗？"

小林："因为不喜欢，不想搭理。"

教练："你是不是不能和不喜欢的人合作？"

小林："是。"

教练："那你可以不赚不喜欢的人的钱吗？"

小林："我现在就是这样做的。"

教练："那你就是在为自己的感觉埋单了。"

小林："我是为此付出了不少代价。"

教练："你喜欢的人有多少？"

小林："不多。所以我身边的人都觉得我很挑剔。"

教练："那么你做生意的范围也就有限了。你准备好面对这样的结果了吗？"

小林："我也不想面对这样的结果。看来我还是得调整好自己。"

人有优点，也有缺点。

我们必须学会容人所短而用人所长，就像我们想要鸡蛋就要同时容忍母鸡拉屎一样。

你不喜欢这个人有什么关系呢，如果他能帮你实现企业目标的话？除非——企业的目标没有你的喜好重要。

接受不喜欢的，才能拥有喜欢的

劝谏与纳谏

君子和而不同，小人同而不和。

——孔子

教练回应的做法有点类似古代的劝谏。

古代的大臣给皇帝提意见叫“劝谏”。唐代名臣、谏议大夫魏徵就以“直言劝谏”名留青史，可谓最具代表性的劝谏人物。

魏徵属于“逆才”型人才，他敢于冒犯龙颜，经常通过直谏指出唐太宗的缺点，让其很没面子。

比如贞观十二年（公元 638 年），魏徵所上《十渐不克终疏》就直言不讳地指出了唐太宗十个方面的过错，令唐太宗非常下不了台。

其实，他也可以算作唐太宗身边一对一的“CEO 教练”了。而且，是一个很有立场，且信守承诺的教练。

敢讲真话，需要魄力。

敢听真话，需要勇气。

虽然魏徵说话不留情面，可唐太宗依然将魏徵作为贤臣看待并予以重用，甚至还将其所上《十渐不克终疏》写在屏风上，以此每天提醒自己。

魏徵敢于“劝谏”，而唐太宗则勇于“纳谏”。（可见，好的教练也需要遇到好的球员。）正是因为唐太宗有这样的领导气度，才会有大唐贞观盛世的出现。

良药苦口利于病，忠言逆耳利于行。

良药是苦的，如果我们因为怕苦而放弃良药、放弃治病，就等于仅仅为了嘴巴这一个器官的感受而损害了整个身体的健康。

忠言是逆耳的，听起来是不好听、不舒服的。如果我们因为别人的话不中听就闭塞耳朵，就教育别人闭嘴或说假话，那就等于从此断绝了言路。

“苦”和“逆”都是感觉，而“利”是价值。

所以，能否“纳谏”的关键就是你选择感觉还是价值，是目标导向还是情绪导向。

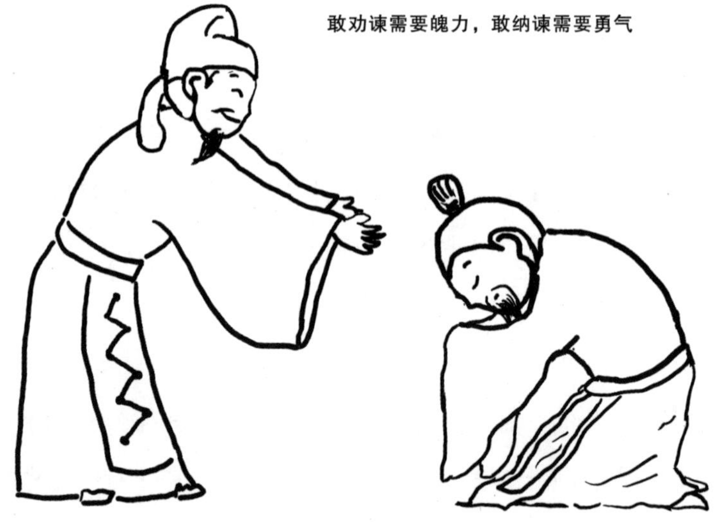
敢劝谏需要魄力，敢纳谏需要勇气

不紧不慢

不该快的时候你快是错误的，该快的时候你不快也是错误的。

——电影《首席执行官》

教练问阿峰：“今年你的企业发展好像有些停滞，是什么原因呢？”

阿峰：“这是我有意的，我想让企业慢慢发展。”

教练：“为什么想慢慢发展呢？”

阿峰：“我觉得慢一点更安全，感觉更踏实。”

教练：“你是光凭感觉还是有依据才做出的决定呢？”

阿峰：“嗯……是自己的感觉吧。”

教练：“你想要企业发展得更稳健的想法没有错，但是问题是，慢就等于更稳健，慢就等于更安全吗？”

阿峰:“我没想那么多，只是觉得不能设定太高的目标，要慢慢来。”

教练:“慢不一定就好，要看你所处的环境。比如，在普通公路上，慢或许更安全;但如果是在高速公路上，慢反而更危险。”

阿峰:“是的，教练，你说得有道理。你一语点醒了我。就我的行业而言，发展太慢确实有危险。”

教练:“有什么危险呢?”

阿峰:“有被对手淘汰的危险。我知道了,是我自己太保守。”

反过来说，有时一味地快也未必是好事。

我有一位朋友，他的企业发展得十分迅速。经常会出现客户上门排队提货、供不应求的情况，更有客户因为提不到货而投诉，员工也都因为公司的快速发展而身心疲惫。

于是我就向他指出，当公司的系统不能承载巨大市场的需求时，可能需要适当放慢脚步，壮大公司的实力，提升公司的服务水平与质量。

企业发展不是单纯的快和慢的问题，而是要有一个合理的速度的问题。

一味地快，就失去了慢下来的能力;一味地慢，又失去了快起来的能力。

既可以快节奏，也可以慢生活，才能自得其乐。

当冲则冲，当停则停，才是智者所为。

审时度势，才能有效决策！

P A R T 6

人永远是第一位的

以人为本

一

有这样一则笑话：

有一位老板，平时脾气暴躁，喜欢骂他身边的人。后来，他去参加了一个学习，很受启发，便决定改善自己对下属的态度。回家后，正好碰到他的厨师，他就对厨师说："我发现自己以前对你的态度不好，以后我再也不会骂你了。"结果，那位厨师回答说："好的，老板，以后我也不会再往你的饭菜里吐口水了。"

你身边有这样的“厨师”吗？你有骂过他吗？

“以人为本”，其中的一层意思就是，要有对人的基本尊重。

单以权势压迫对方，对方往往只是口服心不服，结果通常是当面给笑脸、背后吐口水。

二

吕不韦在《赞能》一章中指出：“得十良马，不若得一伯乐；得十良剑，不若得一欧冶；得地千里，不若得一圣人。”

意思是说，得到十匹好马，不如得到一个伯乐；得到十把宝剑，不如得到一个欧冶（春秋时期铸剑高手）；得到千里领地，不如得到一个贤明的人才。

这就是典型的人本思维。

所有外在的财富、机会，均靠人的智慧和能力创造——人的价值由此可见。

一个企业要提升竞争力，产品要创新研发，服务要增强水平，统统要靠人来实现。可以说，现代企业的竞争就是人才的竞争！

三

企业就像一艘船，团队就是船上的人。

如果船上的人是渔夫，这艘船就是渔船；

如果船上的人是游客，这艘船就是游船；

如果船上的人是花花公子，这艘船就是花船；

如果船上的人是强盗，这艘船就是贼船；

如果船上的人是商人，这艘船就是商船；

如果船上的人是战士，这艘船就是战船。

人是软件，船是硬件。

人的色彩决定船的色彩，人的性质决定企业的性质！

四

企业应该以人为本，而非以“船”为本！

“以人为本”还可以从另一个角度解释为：人是一种资本，是一种人力资本。

老板投资，因此可以视之为金融资本投资商；员工虽然未必投资，但是投资了自己这个人，投资了自己的青春、专业、能力、智慧、创意，把自己整个人作为一种资本投入到企业中，因此可以视之为人力资本投资商。

我们常说招聘员工，其实企业是在招募优质的人力资本。

从这个意义来说，企业是一个人力资本的运营平台。企业有利于员工的成长，员工的人力资本就会增值。员工的人力资本得到增值，企业的金融资本自然增值。每位员工的人力资本得到增值，企业自然而然就会得到发展！

五

企业的目标是追求利润最大化，追求资本增值。这其实无可厚非。

但如果领导者的眼光只是盯在利润上，往往并不能有效达到目标。

领导者除了要看到利润因素，还需要调整视线，关注利润创造的主体——企业中的人的表现。

利润是果，人是根。我们想要让树结出利润之果，就要勤于浇水施肥。

而且，“水”和“肥”需要浇灌在树的根部。

以事为本，简单来讲，就是管理中的“对事不对人”。相当于是把水和肥直接浇灌到果实和枝叶上，这样可能会得到短期的表面繁荣，长远来看却会“营养不足”、难以久存。

以人为本，则是在企业的根部“浇水施肥”，“开花结果”自然是迟早的事。

船上的人是战士，这艘船就是战船

人本与事本

几年前，我曾担任山西一家百货公司的教练。整个教练项目结束后，对方负责整个项目的副总认真做了总结。

这位副总说："我发现教练能弥补很多过往管理的空白处。以前员工都是上班当你是领导，下班就立马走人，他们会心想'你总管不了我的下班生活吧'。平时大家工作时也多半就事论事，很少探讨人的方面。而教练恰好关注人的想法、情绪，以及人与人的关系等，而不只是看事情有没有做好。"

他的总结很朴实，但却十分在理。企业教练就是一种以人为本的管理技术。

"以人为本"这一说法始于中国古代思想家管子。管子云："夫霸王之所始也，以人为本，本理则国固，本乱则国危。"我们都明白人的重要性，但却很容易习惯性地陷入具体事务当中。

企业中如果有一台机器设备丢失了，我们往往会追责到底；但如果有一个重要岗位人才流失了，却很少有人出来承担责任。因为在我们的习惯思维中，机器是资本，而人才不是。

我们再来看另外两个例子。

一个是古代的。

《论语·乡党》中有这样一句话："厩焚。子退朝，曰：'伤人乎？'不问马"。

意思是说：孔子的马棚失火了。孔子回家后便问："伤人了吗？"孔老夫子关心的是人，他没有问马棚的损失。

另一个是现代的。

国外有一位表演大师，有一次准备登台表演时路过走廊。这时候一个小男孩叫住了他，并对他说："先生，你的鞋带松了。"大师看了小男孩一眼，说了声"谢谢"，就弯腰把鞋带系上了。小男孩很高兴地转身离开了。小男孩离开后，这位表演大师又弯腰把鞋带松开了。旁边有人看到这一幕，觉得很奇怪，就问他为何这样做。大师回答说："松开鞋带是下一幕剧情的需要，那个小男孩不知道。"旁边的人又问："那你怎么不告诉他呢？"大师说："因为我不想打击他帮助别人的热情。"

孔子在乎的不是财物的损失，而是人的生命；那位表演大师在乎的不是事情的对错，而是保护孩子助人的热情。

这就是圣人与大师的境界，也是以人为本的生动体现。

以心为本

人对了，世界就对了；而心对了，人就对了。

一

从“事本”到“人本”，再从“人本”到“心本”。
这是教练演变的过程。

有这样一则寓言故事：

一把坚实的大锁挂在铁门上。一根铁杆费了九牛二虎之力，还是无法将它撬开。这时候，钥匙来了。它瘦小的身子钻进锁孔，只轻轻一转，大锁就“啪”的一声打开了。

铁杆奇怪地问："为什么我费了那么大力气也打不开，而你却轻而易举地就把它打开了呢？"

钥匙说："因为我最了解它的心。"

这个故事告诉我们：能抓住心，就能抓住人。对于企业来说，能抓住人（这里的"人"，包括领导者、股东、员工和客户），就能抓住利润。

所以我们不仅要以人为本，更要以人心为本。

二

社会学中有一个非常著名的实验——霍桑实验。

这个实验本来是想观察通过改善工人工作中的灯光、空间等一些物理条件，是否能提高或降低人们工作的效率。结果发现，无论怎么调试那些物理条件，工作效率的改善都并不明显。

然而研究者却意外发现，当工人知道自己是被研究对象的时候，他们工作的积极性得到了极大的提高，因为他们获得了一种被尊重的感觉。

因此，领导者必须明白——每个人都渴望变得更重要！

读懂人心，才能激发人心。

三

孟子云:“仁，人心也;义，人路也。舍其路而弗由，放其心而不知求，哀哉！人有鸡犬放，则知求之;有放心，而不知求。学问之道无他，求其放心而已矣。”

这段话的意思是说:仁是人的本心，义是人走的大道。放弃大道不走，失去本心而不知找寻，真是悲哀啊！有的人，鸡狗丢失了都知道要去找回来，本心失去了却不知道去寻求。学问之道没有别的什么，不过就是把那失去的本心找回来罢了。

《论语》有云:“君子务本，本立而道生。”

抓住“人心”这个本，好结果自然会出现。

四

夏洛特·谢尔顿教授在其《量子飞跃》一书中写道:“更加努力不是解决当今工作中问题的方法，改变思维模式才是。”

光是行为上努力却不改变思维模式，有可能越努力越无效。所以，与其追求其他的事物，不如追求一个好的思维模式。

帮人要帮心，救人要救心。

我们可以走遍全世界，但是最终还是要面对自己，要面对自己这颗心。

创造一切的是这颗心，破坏一切的也是这颗心。

令你成功的是这颗心，令你失败的也是这颗心。

让你受苦的是这颗心，让你享福的也是这颗心。

了解人心，才能领导人心、教练人心。

教练的工作，就是要成就每颗心！

读人会

很多企业都有读书会——团队通过共读一本书来共同学习。有一段时间，我就曾为一家企业长期主持读书会。

在做企业教练的时候，我们常常用案例学习的模式来帮助彼此成长。时下很流行的“私人董事会”其实就是这种模式的延伸。

比照读书会的说法，我把这种模式称作“读人会”。

每个人都是一本书，各有各的精彩。

能够读懂“人”这本大书，其实是一件非常不简单的事情。

有效的“读人会”不只是读读而已，还要为彼此创造最大的学习价值。

要达到创造最大学习价值的目的，需要有方向地进行。

其实，“读人会”的概念非常类似于古希腊人所推崇的“深度汇谈”的方式。

量子理论家波姆曾开发出一套“深度汇谈”的理论和方法，目的是让一组人“对更大的智能流动达到开放状态”。“在深度汇谈中，我们不是要成为赢得胜利的一方，相反，如果做得得当，我们大家都赢得了胜利。”

这里的“胜利”，是指最终得到了学习成果。

波姆提出“深度汇谈”必须具备三个基本条件：

1. 所有参与者都必须“悬挂”自己的假设，就好比把假设“悬挂在我们面前”。

2. 所有参与者都必须把其他人看成同事，平等相待。

3. 必须有一位“辅导员”来为“深度汇谈”护持场境。

其实，在“读人会”中，教练就扮演了“辅导员”的角色。

“读人会”不是聊天，不是辩论，而是洞悉人心，创造学习，激发潜力。

现代企业家总结称：“经营企业就是经营人心。”然而，经营人心的前提是要读懂人心，否则，经营人心就会沦为一句空话。

能读懂人，才能用好人！

每个人都是一本精彩的书

经营人心

看过《三国演义》之后，有人可能会问：刘备文不如诸葛亮、庞统，武不如“五虎上将”（关羽、张飞、马超、黄忠、赵云），为什么他可以成为蜀国的领导？

我们不妨一起来对此详加剖析一番。

刘备是靠什么打天下的？答案是“情义”“仁义”与“诚意”。

桃园结义，核心是一个“义”字。这场结义，让刘备拥有了两个忠诚度极高的优质人力资本：关羽和张飞。

“摔阿斗”，核心是一个“情”字。用“情”征服了另一位重要的五虎上将：赵云。（当然，好像对阿斗有些不公平。）

“新野之败”时，不愿抛下老百姓独自求生，是他的“仁义”。

而放下身段、三顾茅庐的“诚意”，更是让他得到了一位可遇不可求的“职业经理人”：诸葛亮。正因为刘备的诚恳和大度，使得被称为“智圣”的诸葛亮愿意为之“鞠躬尽瘁，死而后已”。

所谓“经营企业就是经营人心”。从这个方面来看，刘备把握了领导力的关键因素，乃善于经营人心者。

所谓“小胜凭智，大胜靠德”。刘备对待下属和百姓所表现出的“情义、仁义与诚意”，就是他能从“草鞋郎”一跃而为“蜀中王”的秘诀。

所谓“周公吐脯，天下归心”。懂得经营人心、得人心者，得天下。

英雄与领导

我们再来看中国历史上另一位风云人物：汉高祖刘邦。

刘邦不仅本领不如被称为“汉初三杰”的张良、萧何、韩信，而且“贪杯好色”，在很多人眼里可以说就是一个十足的市井小混混。

但是，刘邦能开创大汉王朝绝非偶然。

刘邦的强项在于他会识人用人。

登基称帝之后，刘邦曾总结过自己的成功和项羽的失败。

刘邦说：“夫运筹策帷幄之中，决胜千里之外，吾不如子房。镇国家，抚百姓，给馈饷，不绝粮道，吾不如萧何。连百万之众，战必胜，攻必取，吾不如韩信。三者皆人杰也，吾能用之，此吾所以取天下也。项羽有一范增而不能用，此其所以为我擒也。”

由此看来，刘邦与项羽的区别就是团队领袖与个人英雄的区别。

楚汉之争的背后是领导者用人的竞争。是领导力而非武力，决定了最后的胜负。

事实上，刘邦与项羽并非特殊个案。

《从优秀到卓越》一书中比较了世界上的一些优秀公司和卓越公司。该书作者发现：优秀公司的领导者往往知名度很高，属于台前明星型；而卓越公司的领导者往往默默无闻，属于幕后英雄型。

这也是我们推崇和提倡教练型领导的意义：

领导者就是教练，教练使更多人成为金牌运动员，然后通过成就他人来成就自己，成就企业。

楚汉之争的背后是领导者用人的竞争

善用专家的专家

用人很重要，可是，我们要用什么样的人呢？

孔子的学生曾子说："用师者王，用友者霸，用徒者亡。"

这里的"师"，指的是能力比自己强的人。作为领导者，如果你能够用能力比自己强的人，则有帝王之相。比如，周文王用姜子牙，商汤用伊尹。

这里的"友"，指的是能力和自己相近的人。你能用这样的人，也可以称霸一方。比如齐桓公用管仲，刘备用诸葛亮。

这里的"徒"，指的则是不如自己的人。如果你总是用一些比自己差的人，就很危险了。因为这样的领导往往是"武大郎开店"——自己就是最高、最能干的，其他人都是比自己能力更低的人。

这里的关键在于：你愿意用比你更强的人吗？你敢于用比你更强的人吗？你善于用比你更强的人吗？

从心态上来说，你是否具备这样的用人气度和魄力；从技术上来看，你是否具备这样的用人能力。不敢用或不能用强者的后果，就是企业孤注一掷押宝在领导者个人身上——领导者行，那么整个企业就行；领导者不行，那么整个企业就不行。

曾经有一位北方的企业家跟我分享说："现在要做企业领导真不容易——既要懂管理，又要懂财务；既要懂市场营销，又要懂产品生产；既要懂品牌推广，又要懂客户服务；既要懂资本运作，又要懂如何跟政府部门打交道。"

"但是，"他说，"等到各方面我都成为专家，我也差不多老了。"

其实，领导者未必要成为各方面的专家——酒店的老总未必要比大厨的厨艺更好，集团军总司令也未必要比步兵的枪法更好。

但是，领导者一定要成为用人的行家——领导者要能够吸引专家，凝聚专家，用好专家，留住专家；要能够发挥各类专家们的专长，为团队的共同目标服务。

真正的领导者不是普通的专家，而是善用专家的"专家"，是人的专家。

不为锦鳞设，只钓王与侯

天下有才

在冯小刚导演的贺岁影片《天下无贼》中，葛优扮演的贼头黎叔有两句经典台词，一句是“21 世纪什么最贵——人才”，另一句是“人心散了，队伍不好带了”。这两句话广为流传，成为人们茶余饭后的谈资、笑料。

但是，从教练的角度来看，这两句话却凝练地揭示了新世纪企业制胜的秘诀。

秘诀一：企业制胜的关键，在于人才。

秘诀二：赢得人才的关键，在于凝聚人心。

有的老板很舍得花钱租店面、添设备，在硬件上动不动就花费几百万。但他却不愿意花钱在员工身上，因为担心员工超过自己，又担心员工得到提升后跑掉。其实，也许他这种担心，反而会让员工跑得更快。

培养人才要冒险，冒人才流失的险；不培养人才也要冒险，冒无人可用的险。就看领导者选择冒哪一种险。如果一个企业打造得足够有吸引力的话，人才流失的险必然会大大减少。

如果不因人废言的话，我们必须承认黎叔讲得非常有道理：确实，人才最难得，人才最可贵！

领导的工作就是发现人才，凝聚人才，培养人才，成就人才。

电影里，傻根的信念是：天下无贼。

现实中，教练的信念是：天下有才。

『装修』：人比装修房子更重要

做个种花人

世界是一个大花园，每个人都在这个花园里扮演不同的角色。

有人欣赏花的美丽，有人摘采现成的花，有人自己亲手种花。

有一位老总对教练说："我总是找不到合适的人才。"

教练说："你具体说说。"

老总说："我现在需要一名市场营销总监，但企业内部的人不合适，去外面招聘又不放心，所以很为难。"

教练说："听起来你只是想用现成的人才。既然没有合适的，为何你不培养一个呢？"

老总想了想，说："可能我还是比较急功近利吧。另外，我自己也有很多标准。”

教练说：“完全符合你标准的人，也许这个世界上根本就不存在。那是需要你去培养和创造的。”

在这个世界上，我们除了做游客、寻花者、赏花者外，还可以做园丁。

我们身边总是充满了不如意的员工、领导、爱人、客户、同事。如果想拥有满意的环境，那就自己去创造。

我曾经写过：“世上不会有真正属于你的玫瑰园，除非你肯自己去种玫瑰。”

生活中的玫瑰园，只属于创造者。

“及时雨”的启示

不知大家是否考虑过，《水浒传》里的一百零八条好汉中，文韬武略胜过宋江者众多，凭什么宋江就可以坐水泊梁山的头把交椅？

我们从领导力的角度来剖析一下。

看过《水浒传》的朋友应该都知道宋江的绰号——及时雨。记得古龙的小说中曾说过，“有时人的绰号比大名更能揭示这个人的特点”。

“及时雨”是什么意思呢？就是能恰到好处地给予别人所需的人。

雨水是什么？是财物，更是情感和情义。

不仅要给予对方“雨水”，而且还要给得及时，给得恰当。“及时”的前提就是知道对方需要什么，以及什么时候需要。

这样，这场“雨”才会让对方有“久旱逢甘霖，他乡遇故知”的感觉。

我们再来看看其他梁山好汉的绰号，基本都是“霹雳火”“入云龙”“小李广”等。

这些人都是凭专业能力得来的绰号，可以说是一种“技术职称”。

而宋江是靠做人得到的绰号，可以说是一种“关系职称”。

显然，拥有“关系职称”的人比拥有“技术职称”的人更适合当领导。前者是经营型人才或领导型人才，而后者是技术型人才。

因此，要成为卓越领袖，就要从“技术超人”转型为“领导达人”。

归纳起来，“及时雨”对领导者的启示主要有以下两点：

1. 愿意付出，符合“财散人聚”的原则。有人说，能满足别人需求的人是领导者，而被别人满足需求的人是被领导者。

2. 善解人意，能够了解别人的需求。

如今，企业界有很多人就在提倡“服务型领导”“仆人式领导”，因为领导者就是企业中的“及时雨”。

要做好领导，先做好人

关心也是领导力

阿瑾非常沮丧地对教练说："我在团队中不受欢迎，团队里的人都不喜欢我。"

教练："何以见得？"

阿瑾："我感召团队去做一个活动，他们都不听我的，我觉得自己一点影响力都没有。"

教练："你平时跟大家的关系怎样？"

阿瑾："团队中很少有人联系我。"

教练："很少？听起来，还是有人跟你联系过，是吗？"

阿瑾："是有一个比较好的姐妹，她常常会打电话给我。"

教练："那说明你还是有影响力嘛，这个姐妹不就被你'影响'了吗？"

阿瑾："是的，你这样说，让我觉得很欣慰。"

教练："你平时是怎么对待她的呢？"

阿瑾："我有时候会关心她是否吃早餐，还会帮她买早餐。晚上分手之后，我还会关心她是否平安到家。"

教练："想一想，如果你能像对这个姐妹一样对待团队中的每一个人，情况会怎样？"

阿瑾："教练，你的意思是？"

教练："如果你把这份心用到团队里，关心每个人吃早餐的情况，关心他们的平安，再去感召他们，结果会怎样？"

阿瑾："如果用这份心对团队里所有人的话，效果肯定会不一样。虽然不能保证全部感召成功，但感召成功的概率会大大提升。"

教练："从我们刚才的对话中，你留意到了什么？"

阿瑾："我发现我有分别心。如果我愿意关心更多人，我也就能影响更多人。"

教练："是啊！关心也是一种领导力！"

"世事洞明皆学问，人情练达即文章。"这句话出自古典名著《红楼梦》。

用加法去付出，用减法去索取，用乘法去感恩，用除法去怨恨。

做领导不难，做人最难；做人做好了，离成为一个好领导也就不远了！

的确，很多时候，关心也是领导力。

有时，领导者是仆人

后 记

对于自己，教练是成就力；

对于他人，教练是影响力；

对于团队，教练是领导力。

教练是一门专业，需要学习和锻炼才能掌握。

同时，教练其实也是每个人的事，教练的智慧无处不在。

每个人都需要教练——每个人都需要从教练那里得到激励和反馈，更好地认知自己和迁善自我。

每个人也都可以成为教练——能帮助他人成就梦想者，就是教练。

正如“领导学之父”沃伦·本尼斯所说：“就像成为一个医生或诗人并不容易一样，成为一个领导者也不容易。那些声称成为领导者很容易的人，完全是在欺骗自己。但是，学会领导要比我们大多数人想象的容易得多，因为我们每个人都具备领导潜力。”

新版《教练的智慧》能圆满成书出版，需要感谢书里书外所有的有缘人：

感谢贡献案例的客户——你们的信任是我发挥的基础，你们的成长与收获也是我努力工作的动力源泉；

感谢教育、指导过我的老师——你们的引路，是我生命中最好的礼物；

感谢推动教练行业发展的同行——你们的工作让教练变得更专业、更有影响力；

还要感谢本书的编辑、发行人员——你们的工作让教练文化传播得更远；

感谢每一位有心的读者——你阅读的过程，同时也是创造的过程。

特别感谢卿珂继《对话的艺术》系列之后再次为我的书绘制漫画，使本书得以增添另一道风景、另一种内涵与趣味。

感谢我的助手佘杰为本书所付出的努力！

最后，愿《教练的智慧》能让你更有智慧地生活！

黄俊华

教练的智慧无处不在